自分を変える無意識の魔力

Change oneself the magic of the unconscious

ソーシャルアーティスト

BAZZI

SB Creative

はじめに

3分だけ時間をください。次のような悩みが、嘘のように消える魔力を紹介します。

・働いても働いてもお金が貯まらない
・人間関係に疲れ果てている
・周りに軽く扱われている気がして悲しい
・病気になってばかりいる
・常に時間に追われていて気持ちが休まらない
・いろんな不安が常に湧いてくる
・買い物依存症からいいかげんに卒業したい
・素敵なパートナーと巡り合いたい
・自分の強みを活かせる仕事をしたい

・経済的、時間的な余裕がもっとほしい

まだまだあるかもしれません。

お金持ちになりたい、人間関係を良くしたい、仕事で結果を出したい……。
つまり、心のどこかで「成功したい」と思ってはいる。
なのになぜ、多くの人はそうはなれないのでしょうか？

答えは「無意識（潜在意識）」に隠されています。

「無意識」をうまく活用できれば、あなたは今すぐ何者にでもなれる。
「無意識」にはそんな魔力があります。
本書ではその無意識の使い方を、科学的根拠をベースに伝えていきます。

無意識にはあなたを変える魔力がある

なぜ無意識をうまく活用すると、成功できるのか。

それは、人の意識は顕在意識が1%、無意識が99%だからです。

無意識が99%を占めているということは、あなたの行動の99%が無意識に支配されてしまっているということです。


ここで、先ほどの疑問に戻ってみましょう。


心のどこかで「成功したい」と思ってはいる。

なのになぜ、多くの人はそうはなれないのでしょうか?


信じられないかもしれませんが、現実を変えられない人の多くは、無意識下では「成功したい」とは思っていないのです。

もっと言えば、99%の力で「失敗したい」と思ってしまっています。

なので、成功できないのは当然です。

繰り返しますが、無意識にはあなたの人生を劇的に変える魔力があります。しかし、何も意識していないと、無意識はあなたの味方になってくれず、当然「成功したい」とも思ってくれません。

急にぶっ飛んだ話になりますが、無意識には「あなたを成功させること」よりも優先していることがあります。何だと思いますか？

それは「あなたの命を守ること」。

あなたの命を守るために、無意識はあなたを危険から遠ざけ、昨日と同じ状態を保ってくれています。なんだかとっても愛おしい存在だと思いませんか？

こう考えると、あなたの悩みそのものにも、明確な理由があることがわかります。

あなたがこれまで、お金持ちでなかったからこそ、お金を狙われたりなどの危険な目に遭うことなく、そして死ぬことはなかった。

人間関係を広げずにいて、昨日までの自分を保っていたからこそ、恥ずかしい思いもせず、結果、死ぬことはなかった。

仕事で結果を出さず、いつも通りの平穏な毎日だったからこそ、今日まで死ぬことはなかった。

「死ぬことはなかった」など と、**少し大袈裟に聞こえるかもしれませんが、それくらいあなたの無意識は素直です。**

無意識はあなたが死なないために、必死で現状維持を優先します。

だからこそ、たった1％の顕在意識上でどんなに「成功したい」と願っても、無意識のこの特性を変えることはできない。

結果、実際に成功することは難しいのです。

進化論ベースの無意識の活用法

では、「成功したくない」と思っている無意識を変えるためにはどうすれば良いのか。

それが、本書で紹介する「進化論ベースに基づき原始人に学ぶ」ということです。

僕たちの祖先は、もともと無意識の優れた使い手でした。

現代のように文明が発達し、デジタル化が進むはるか前の時代、科学が未発達な時代ほど、人々は無意識を巧みに使い生きてきました。正確に言うと**「1秒でも長く生きるために、無意識を上手に活用せざるを得なかった」**のです。

僕たちの祖先である猿人はおよそ700万年前から600万年前に誕生したと言われています。そして、現代人が生活の一部として当たり前に持っている携帯電話が登場したのが1987年頃。

なので、僕たちの祖先から受け継がれた遺伝子は、少なくとも**600万年間続いているこ**とになります。**反対に、デジタル化が進んでからの現代文明はたったの数十年。600万年も続いた遺伝子が、たったの数十年で適応できるわけがありません。**

つまり、ちょっとぶっ飛んだ例え話に聞こえるかもしれませんが、この進化論の時間軸を、大谷翔平選手に当てはめるとこうなります。

大谷選手が何十年も人生を共にしている野球ではなく、真逆のスポーツであるサッカーを無理やりたった〝75分〟だけ練習した状態で、サッカーグラウンドに立たされてい

図表１　猿人から現代人：大谷翔平選手のサッカー

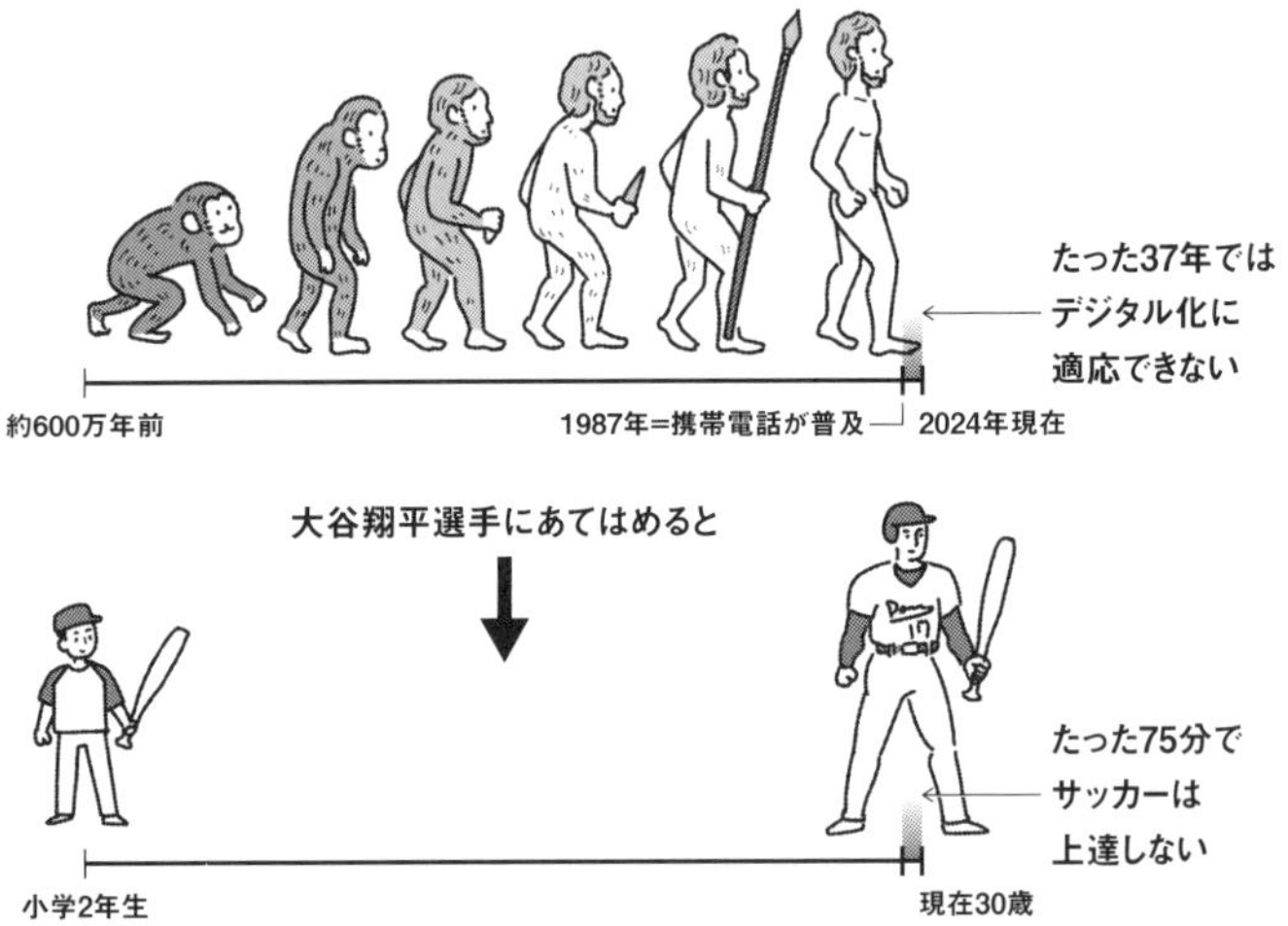

るのと同じ状況だということです。

これでは本来僕たちが持つ、無意識の可能性を十分に発揮できるわけがありません。**僕たちは毎日、無意識が持つ可能性に蓋をしながら生きているのです。**

そこで本書では、「人間らしさ」を取り戻す習慣を取り入れることで、無意識を活性化させる方法をお伝えしたいと思います。

とはいえ「じゃあ明日から600万年前とまったく同じ生活をしてください！」というわけではありませんので安心してください。

僕が本書でお伝えしたいのは、今

の現代人が持つテクノロジーを活かしながら、僕たちの祖先から続く遺伝子が喜ぶような毎日を送ることで、無意識が活性化され、あらゆる悩みが自動的に解決する可能性があるということです。

無意識の魔力で、あなたは何者にでもなれる

『あなたは間違いなく〝夢を叶える源〟をすでに持っています』

なぜここまで言い切れるかというと、僕がこれまで直接関わってきた数千、数万人全員が〝夢を叶える源〟をすでに持っていたからです。

そんな**あなたの可能性に蓋をしてしまっている「根本的な原因」**を徹底的にお伝えしていきます。基本的に現代人は、自分でも処理し切れないほどの情報や物に囲まれています。この根本原因さえなくすことができれば、あなたの可能性の蓋は開き、無意識が活性化し、夢が最短で叶うというカラクリです。

世の中には、目標達成のための書籍や、成功法則についての情報があふれかえっています。

ですが、そのほとんどが**〝自分の意識〟**を使って、夢の達成まで無理やり頑張ったり、努力したりする必要のあるメソッドばかりです。

そして「なんらかの新しい行動や知識」が必ずと言っていいほど求められます。

ですが、本書でお伝えするメソッドはシンプルに、あなたが抱えすぎている、さまざまな**〝過多〟をなくしていくだけ**なので、何か新しいことを始めたり、覚えたりする必要は一切ありません。

なので、安心して本書を読み進めながら、あなたの叶えたい夢に集中してほしいと思っています。

どんな人の人生も、間違いなく**自由自在**です。僕自身、胸を張ってそう言えます。

ですが、たまにこんなことを言われます。

「BAZZIさんは特別です。成功できるのって、ほんのひと握りの人なんじゃないですか？」

「BAZZIさんは運が良かっただけです。私には難しいです」

本当にそうでしょうか？

もちろん、今の僕はというと、呼吸をするだけで幸せを感じ、心が整い、思い通りの時間を過ごしたり、当たり前のように願望実現したりできるようになりましたが、決して特別な人間ではありませんでした。


僕は生まれつき裕福でも、頭が良かったわけでもありません。

もっと言うと、相当の努力を積み重ねてきたとか、目まぐるしいまでに頑張って人脈を広げてきたわけでもありません。


ただ、結論から言うと**「考え方」**を大きく変えました。

考え方を変えることで、自分の**無意識**に理想の状態を毎日刷り込み、結果、できるだけ楽に人生を自由自在なものへと〝デザイン〟していきました。

なので、本書では、僕の日々の思考法やマインドセットを、惜しみなくシェアしていきます。

もちろん、それにはお金も時間もほとんどかかりません。

今すぐ実践できることばかりなので、心理的なハードルも低いです。
また、難しいわけでも、複雑なわけでもありません。どんなに忙しい人でも実践できる、再現性の高いメソッドなので安心してください。

人生はとてもシンプルです。今の思考が行動に反映され、未来をつくります。
たった1つのマインドセットを取り入れるだけでも、人生が劇的に好転していきます。
あなたの学びで、あなた自身の人生、そして世の中を一緒に輝かせていきましょう。

はじめに　002

第1章 なぜ無意識を使いこなすと夢が叶うのか？　023

CONTENTS

第2章

どうしたら無意識を使いこなせるのか？——進化論ベースの「無意識の使い方」 051

第3章

無意識を使いこなす法①――「不安過多」の解消 097

第4章 無意識を使いこなす法②
――「情報過多」の解消 189

第5章

無意識を使いこなす法③ ――「人付き合い過多」の解消

第1章

なぜ無意識を使いこなすと夢が叶うのか？

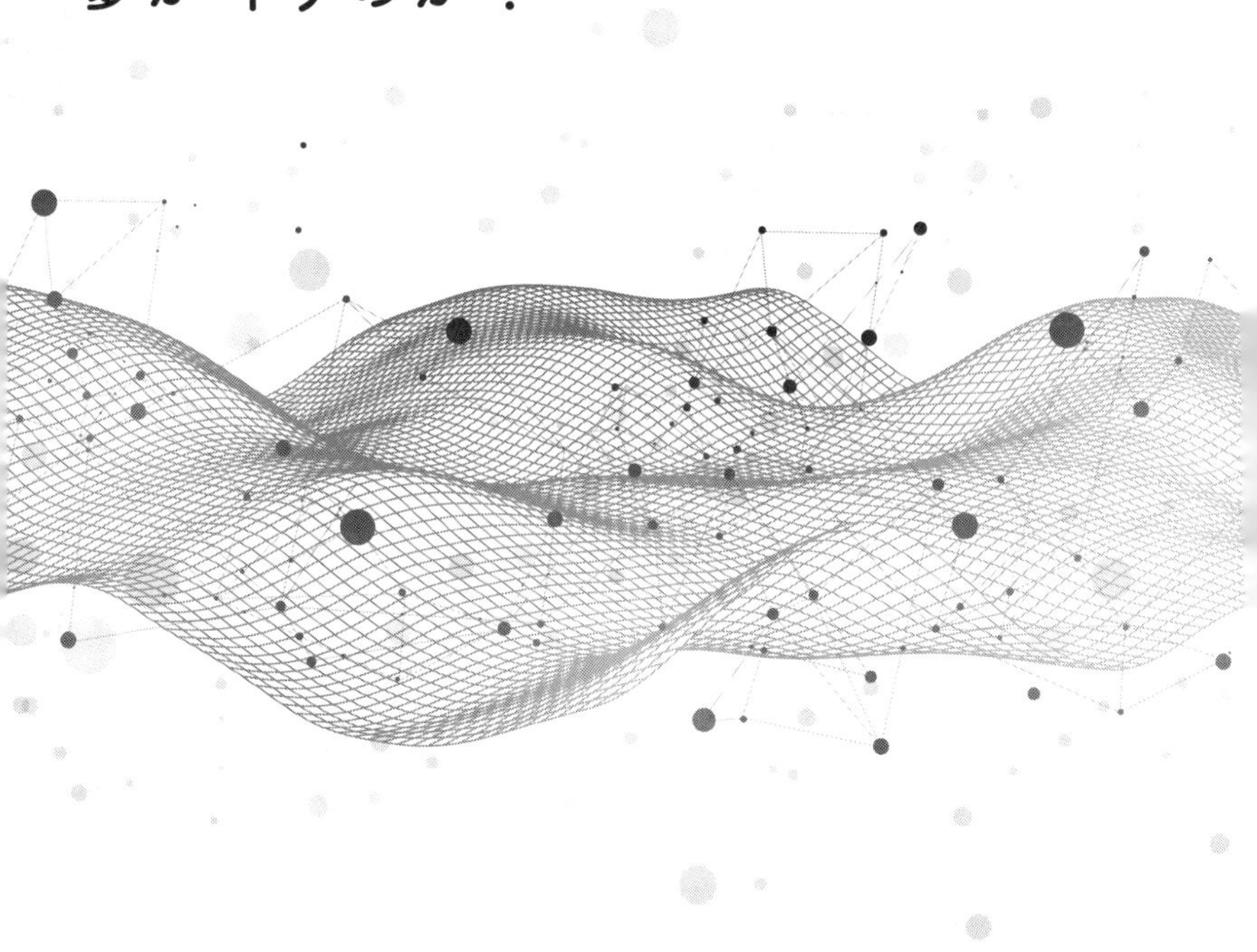

意識＝「1％の顕在意識」＋「99％の無意識」

「夢を叶えたい」

こう願う人は多いはずです。でも、いったいどれだけの人が夢を実際に叶えているでしょうか。

まず安心してほしいのが、まだ夢を叶えられていなかったとしても、それはあなたのせいではありません。

夢をまだ叶えられていない場合、単に**「夢を叶える方法を、まだ知らないだけ」**と断言します。

つまり、自分の意識を変えるだけで、夢を叶えることは誰にでも可能だということです。

まずは「意識」についての知識を、一緒に身につけていきましょう。

僕たちの意識には「顕在意識」と「無意識」という2種類があります。

この2つの言葉については、あなたも聞いたことがあるのではないでしょうか。

普段僕は、潜在意識についてYouTubeなどでお話ししていますが、無意識の領域は、潜在意識以上に、通常意識することが難しいと言われています。


「顕在意識」とは、**簡単に言えば「言葉にできる意識」**のこと。

僕たちが自覚できている心の領域のことで、論理的な思考、理性、知性、判断力などを指します。

例えば「今日は本を買いに行こう」という決断は、顕在意識によるものです。

「雨が降りそうだから傘を鞄に入れておこう」という判断も、顕在意識の役割です。

一方**「無意識」**とは、**「普段、認識ができない意識」**のこと。
僕たちが自覚できていない心の領域のことで、感覚、感情、直感、記憶、本能的な欲求などを指します。

なんとなくわかると思いますが、僕たちはほぼ無意識のうちにさまざまな行動をしています。

例えば……、

・本を読むとき、「指の位置」などを意識しなくてもページをめくることができる
・歩くとき、「どちらの足から先に出すか」など考えず、スムーズに二足歩行ができる
・歯を磨くとき、「どうやって歯ブラシの柄を握るか」など考えず、歯をうまく磨ける
・車を運転しているとき、考え事をしていても赤信号を見たら停車できる

また、朝起きてからの一連の動作を思い返してみてください。
あなたはほとんどの動作を、無意識のうちに行っているはずです。

・朝目覚めたら、布団を手でつかんで身体を起こす
・洗面所に行って、顔を洗い、タオルで拭く
・パンをオーブントースターに入れ、ちょうどいい加減に焼く
・冷蔵庫から卵を落とさずに取り出して、なるべく焦がさずにフライパンで焼く

・やけどをせずに、コーヒーを入れる
・こぼしたりせずに、きれいに朝食を食べる
・クローゼットにある洋服の中から仕事に適したものを出して、一人でうまく着る
・家中の電気を消して、ドアの鍵穴に鍵を挿して戸締まりをする

家を出発するまでの流れを書き出してみると、**かなり細かい動作をしていると思いませんか?**

もし、これらの動作を毎回意識していたら、どうなるでしょうか。

家を出るまでに、あなたの脳は疲れ果ててしまうはず。だからこそ人間はルーティン(習慣や、いったん体得した動作)を無意識のうちに行えるようにプログラミングされているのです。

これらの日常的な動作を、無意識の力を借りずに意識的に(顕在意識だけを使って)行おうとした場合、一説によると「脳のシステムはやることが多すぎて、一瞬で破綻してしまう」と言われています。

脳の負荷を減らすためにも、無意識が頑張ってくれているというわけです。

脳とは〝怠け者〟だった！

「わざわざ脳の負荷を減らしてあげる必要なんてあるの？」

そんなことを思った人もいるかもしれません。

そこで、脳がいかに大変な器官であるかを、一緒に見ていきましょう。

そもそも脳とは、非常に多くのエネルギーを必要とする、燃費の悪い器官です。

大人の脳の重さは、**体重のわずか２％**。

体重50kgの人の脳の重さは約1kg。そんなに高い比率ではないですよね。

ですが、脳が消費するエネルギーの比率は、それを大きく上回ります。

脳は体重の２％の重さしかないのに、全身が消費する全エネルギーの20％近くも使っています。例えば、１日に２０００kcalを消費する場合、脳はそのうちの４００kcalも消費していることになります。

重さで見ると小さいはずの脳が、毎日大量のエネルギーを使いたがるとしたら……。

僕たちの身体はいったいどうなってしまうと思いますか？

全身には、脳以外にも数多くの器官があります。

それらも生命維持のために、一生懸命毎日働いてくれています。そこに必要なエネルギーが行き渡らなくなれば、僕らの命は存続の危機にさらされかねません。

なので、**脳はもはや〝癖〟として「物事を自動的に処理しよう」とします。**

消費エネルギーを節約するために、とことん怠けようとするわけです。

わかりやすく言うと「新しいことへの挑戦」を避けたり、「いつも通りの行動」を選んだり、よく考えずに反射的に物事を判断したりしてしまいがちなのです。

ここでは**「脳がラクをするためにも、人は無意識のうちにルーティンを行えるようになっている」**ということを覚えておいてください。

「無意識」の役割は多岐にわたる

このように非常に興味深い「顕在意識」と「無意識」という関係ですが、その比率はだいたい定まっています。

諸説ありますが、「顕在意識」が約1%、「無意識」が約99%というのが定説です。

僕たちは「無意識」の可能性を眠らせたまま、「顕在意識」で無理やり頑張っている状態で過ごしています。思考や判断など、いわば頭をフルで使いっ放しにしているわけです。

つまり、僕たちが意識できている部分は、ほんの一部分にすぎないのです。

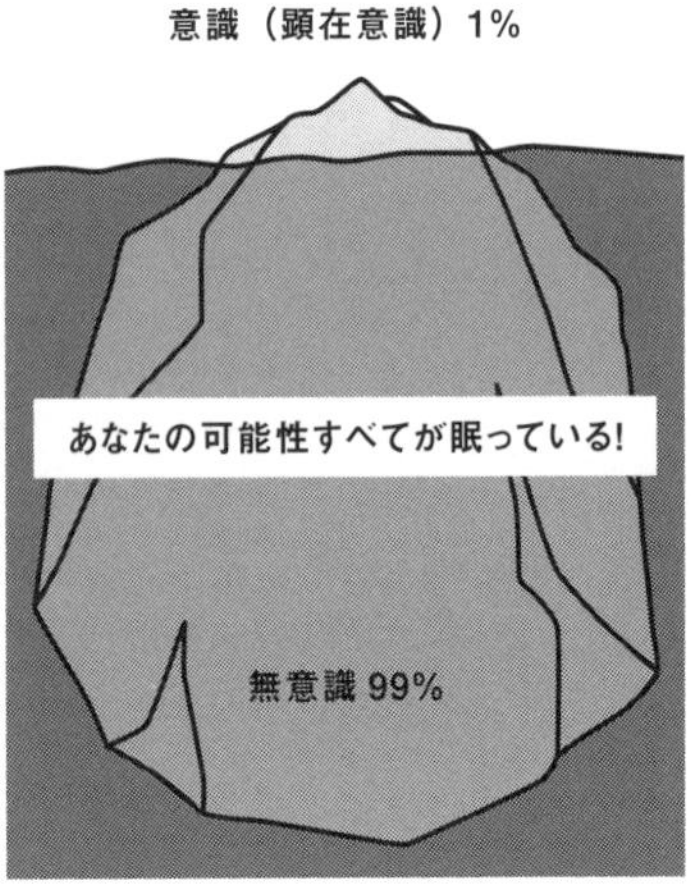

なので、よく顕在意識と無意識の関係は氷山に例えられます。あなたも次のような図を見たことがあるかもしれません。

この図を見ていただければ、あなたにもまだまだ「無意識の可能性」が眠っていることがわかりやすいと思います。

「意識全体の99%も無意識が占めているなんて」と驚かれる人もいるかもしれません。

そんな方には、無意識が実際に行っている〝仕事〟の多さをお伝えしたいと思います。

先ほどお話しした「ルーティン」を自動的に行えるようにする他にも、いくつかの役割があります。

例えば、感情が自然に湧き起こってくることや、なぜか行動をしたくなることにも無意識が大きく関わっています。

また、**人は1日に6万回の思考を行って、最大3万5000回の決断をしている**と言われています。その一つひとつの決断にも無意識が深く関係しています。

「1秒でも長く生きよう」という無意識に組み込まれたプログラム

さらに言うと**「ホメオスタシス」**（生体の恒常性）というプログラムにも、無意識が深く関わっています。「ホメオスタシス」とは、体内を一定の状態に保とうとする本能的な性質のことです。

例えば、100階建ての高層ビルの屋上から、フェンス越しに下を見たとき。無意識に足がブルブルと震え、「落ちないようにしよう」と気をつけますよね？

また、大きな音が突然聞こえたとき。

「何かの事故かな？」「爆発かな？」と身をすくめたり、場合によってはそこから逃げようとするでしょう。

これらは生まれながらに無意識に刻み込まれているホメオスタシスのおかげです。

ホメオスタシスが正常に機能していない場合、恐怖心を持てなくなり、命を危機にさらしてしまいます。


例えば高層ビルの屋上から「気持ち良さそう！　飛んでみたい」などと思ってしまったら、そのまま飛び降りてしまうことだってあります。

「いや、そんなことは絶対にしない」と思われるかもしれません。

ですが、生まれつきの障害で「痛みを感じないお子さん」が、何度親に叱られても、高いところから繰り返し飛び降りてしまうという事例もあります。

僕たちが通常、リスクを避けて行動できているのは、ホメオスタシスのおかげなのです。**ありがたいことですよね。**

ホメオスタシスは人間にとって必須のプログラムなのです。

ホメオスタシスの目的を端的に言うと**「昨日までの自分を保つこと」「1秒でも長く、命を永らえること」**です。

そもそも、人とはとてもシンプルにできています。

常に抱いている欲求は、2つだけ。

1つ目の欲求は、快楽を得ること。

そして2つ目の欲求は、痛みを避けることです。

「人間は常に痛み（苦痛）を避け、快楽を求める生き物なのだ」ということです。

さらに言うと**「苦痛」を避ける欲求のほうが、「快楽」を求める欲求よりも3倍以上強い**とされています。

想像すればわかるかもしれませんが、**1万円もらったときの喜びよりも、1万円失ったときの悲しみのほうが強い気がしませんか？**

「ホメオスタシス」のおかげで人は守られているわけですから、それをコントロールする無意識がいかに重要か、理解いただけたのではないでしょうか。

また無意識の仕事量を見ると、意識全体の99％を占めている事実についても、納得できるはずです。

あなたの「行動の99%」は無意識に支配されている

「意識の99%も無意識が占めているなんて信じられない！」

このように疑う人もいるかもしれません。

そこで1つ、簡単にできるセルフチェックをご紹介します。このチェックによって、顕在意識がカバーする範囲がいかにわずかでしかないか、体感できると思います。

【無意識の優位性を確認するセルフチェック】

①10秒間、あなたの周りに「赤いもの」がいくつあるか数えてみてください。（10秒経ったら探すのをやめて、本書に視線を戻してください）

②10秒経ちましたね。もう周りは見ないでください。

そして、次の質問に答えてみてください。

「あなたの周りに〝黒いもの〟はいくつありましたか？」

このテストをすると、ほぼ１００％の人が戸惑い、うまく答えられなくなります。

それは、あなたの記憶力が悪いせいでも、注意力がないせいでもありません。

脳が「赤いものだけ」にフォーカスをしていたからです。

つまり、顕在意識で「赤いものだけ」を探していたので「〝黒いもの〟はいくつありましたか？」と想定外の質問をされると脳は混乱し、答えられなくなるわけです。**もちろん、黒いものも視界には入っていたはずです。あなたの意識のほとんど、つまり99％は無意識に支配されている**という事実に、納得いただけたでしょうか？

このように、**膨大な情報の中から対象を絞り込んでフォーカスをする機能**のことを**「RAS」**といいます。

「ＲＡＳ」（Reticular Activating System）とは**「網様体《もうようたい》賦《ふ》活系《かっけい》」**の日本語の略称で、いわば**脳のフィルター**です。

自分の興味や関心のある情報だけを、無意識にインプットしてくれます。

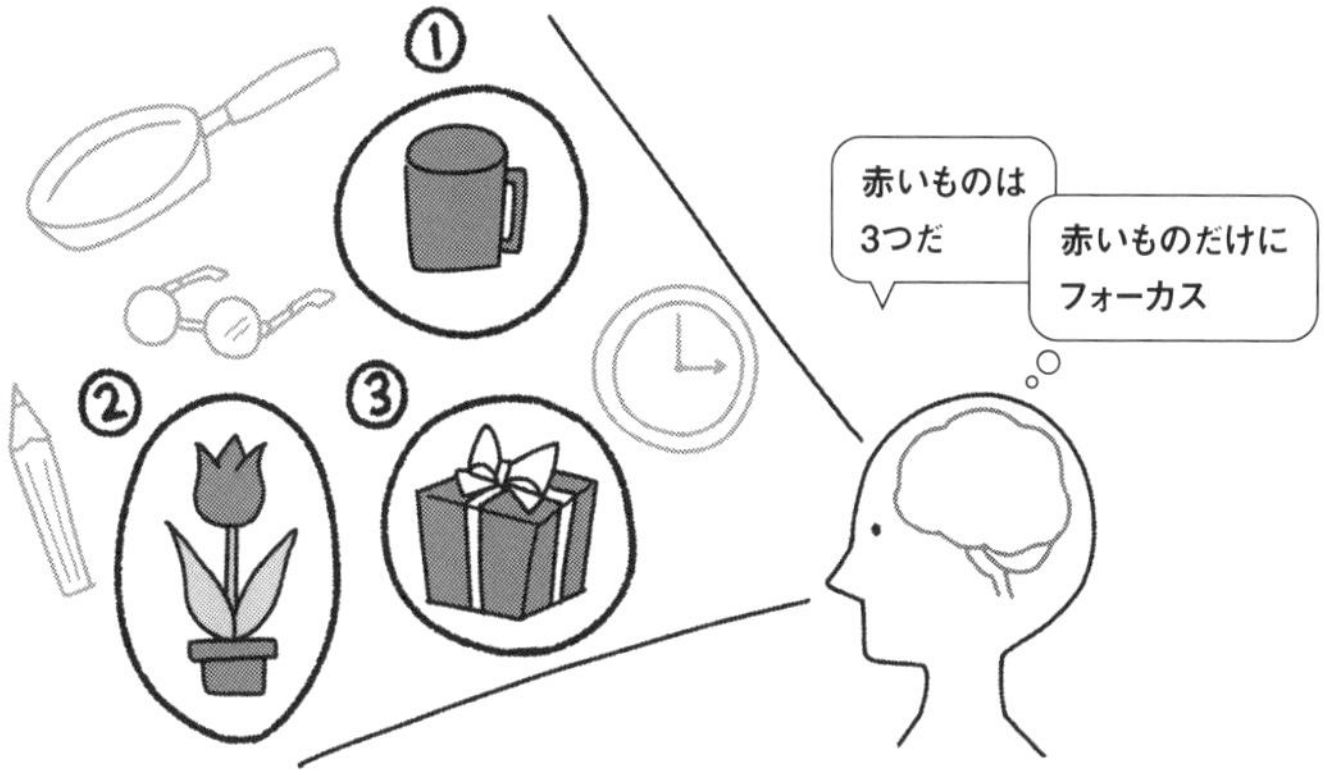

顕在意識が赤にだけフォーカスしているので、
黒は見えているけれど認識できていない

例えば髪の毛を切ったとき、男性よりも女性のほうが気づいてくれる可能性が高いとされます。これは一般的に、女性のほうが美容（ヘアスタイル）への興味が高いため、RASによって美容にまつわる情報をキャッチしやすくなっているからです。

一方で、RASは興味・関心がないことには反応せず、情報をスルーします。すべての情報を受け取ってしまうと、脳に大きな負担がかかってしまうためです。

つまり、**RASとは非常に優秀な、脳のフィルター**なのです。

RASをうまく使いこなせば、望む情報やチャンスをいち早く見つけて、人生を好転させることができます。

このように、人の行動の99％は無意識に

支配されています。**顕在意識ではなく、無意識こそがあなたの人生に対して大きな影響を及ぼしている**のです。

しかし、無意識はポジティブな結果、ネガティブな結果、どちらも引き起こしています。

なので、**無意識をうまく活用し、あなたの行動を理想に近いものへと変えていくことが大切**なのです。

過去のあなたの行動が、今のあなたをつくっているように、これからのあなたの行動が未来のあなたをつくるからです。

理想の体形や理想の収入が、いつまでも手に入らない理由

わかりやすい例は「体形」や「収入」です。

「痩せたい」「ダイエットしたい」と思いつつ「食べずにはいられない」という話はよく聞きます。それは「食べること」の優先順位がその人の中で無意識に高くなっているからです。

体形、収入、経済的自由が叶わないメカニズム、叶うメカニズム

「美食家だから食べたい」というわけでなく「現実社会でたまったストレスを発散するために、食べずにはいられない」という人もかなり多いです。

いずれにしても、**無意識に突き動かされ（すでに満腹なのに）「食べずにはいられない」**わけです。

もし顕在意識で自分の行動をコントロールできるなら、食事の量は適量で抑えられますし、ダイエットにもラクラク成功できるはずです。

筋トレや運動習慣も同じです。

「ボディーメイクのために筋トレをしたい」と思いつつ、習慣化できない人は非常に多いです。

「忙しい」「面倒くさい」など、言い訳をしてサボってしまう人は、あなたの周りにも多いでしょう。

こうなってしまう**理由は、無意識のレベルでは、他にやりたいことがあったり、自分には必要ないと感じたりしているから続かない**のです。

もし顕在意識で自分の行動をコントロールできるなら、誰でもうまく運動を生活に取り入れて、理想のボディーをさっさと手に入れているはずだと思いませんか？

さらに厳しいことを言うようですが……。

収入についてもまったく同じです。

「もっと稼ぎたい」「経済的な自由を得たい」と願っていても、なかなか叶えられていない人はたくさんいます。

その理由は、**無意識のうちに「自分には稼げる能力がないから」「豊かになんてなれっこないから」と自分自身に制限をかけ、正しい方向への行動ができない**からです。

もし顕在意識で自分の行動をきちんとコントロールできるなら、誰でも億万長者になって、経済的・時間的な自由を手に入れているはずですよね。

だからこそ、**理想の「体形」「収入」を目指すには、顕在意識ではなく無意識をうまく**

使いこなす必要があります。

昔よりも現代のほうが、夢をはるかに叶えやすい

そもそも現代人は、昔の人よりも恵まれていることにお気づきでしょうか？

少なくともこの本を手に取っている時点であなたは、住むところや食事にそこまで困ってはいないはずです。

ですが、世界に目を向けると、戦争や紛争のため生き延びることに必死にならざるを得ない人たちも大勢います。

そのような状態に比べると、日本は平和で衣食住が満たされているわけですから〝夢〟を叶えやすいはずです。

ここで、願望実現をする上で大切な「マズローの欲求5段階説」について触れておきましょう。

「マズローの欲求5段階説」とは、アメリカの心理学者アブラハム・マズローが著書『人間性の心理学』の中で提唱した理論です。「マズローの法則」や「自己実現理論」と呼ば

れることもあります。

マズローは「人間の欲求には①～⑤の段階があり、これらが①から順番に満たされていく」と説いています。

その5つとは、次の通りです。

① **「生理的欲求」**…睡眠、食欲、性欲などの命を守る欲求
② **「安全欲求」**…心身の安全が確保された生活を送りたい欲求
③ **「社会的欲求」**…帰属欲求とも言われる。他者から評価されたい欲求
④ **「承認欲求」**…他者から尊敬されたい欲求
⑤ **「自己実現欲求」**…自分の夢を実現したい、理想の自分になりたいという欲求

①「生理的欲求」とは、5段階の最下層にあり、人が生きるために必要な最低限の欲求です。原始時代から続いてきた、本能的な欲求です。

②「安全欲求」とは、①「生理的欲求」が満たされると生まれる欲求です。心身の安全が確保された生活を送りたい、という欲求です。

③「社会的欲求」とは、社会や誰かから評価されたいという欲求です。組織に属し、自分の存在が必要とされることで満たされます。

④「承認欲求」とは人に認めてもらいたいという欲求です。「上司に褒められたい」「みんなに認められたい」「すごいと言われたい」などの欲求も含まれます。

⑤「自己実現欲求」とは、5段階の最上層にあります。下層の4段階すべてが満たされて初めて生まれるものです。一言で言うと「理想の自分になりたい」という欲求です。

これらの欲求は、①から⑤にかけて順番に生まれていきます。つまり人は、**低次元の欲求が満たされてから、次はより高次元の欲求を満たすために行動する**とされています。

しかし、下の三角形をよく見てくださ

図表2　マズローの欲求5段階説

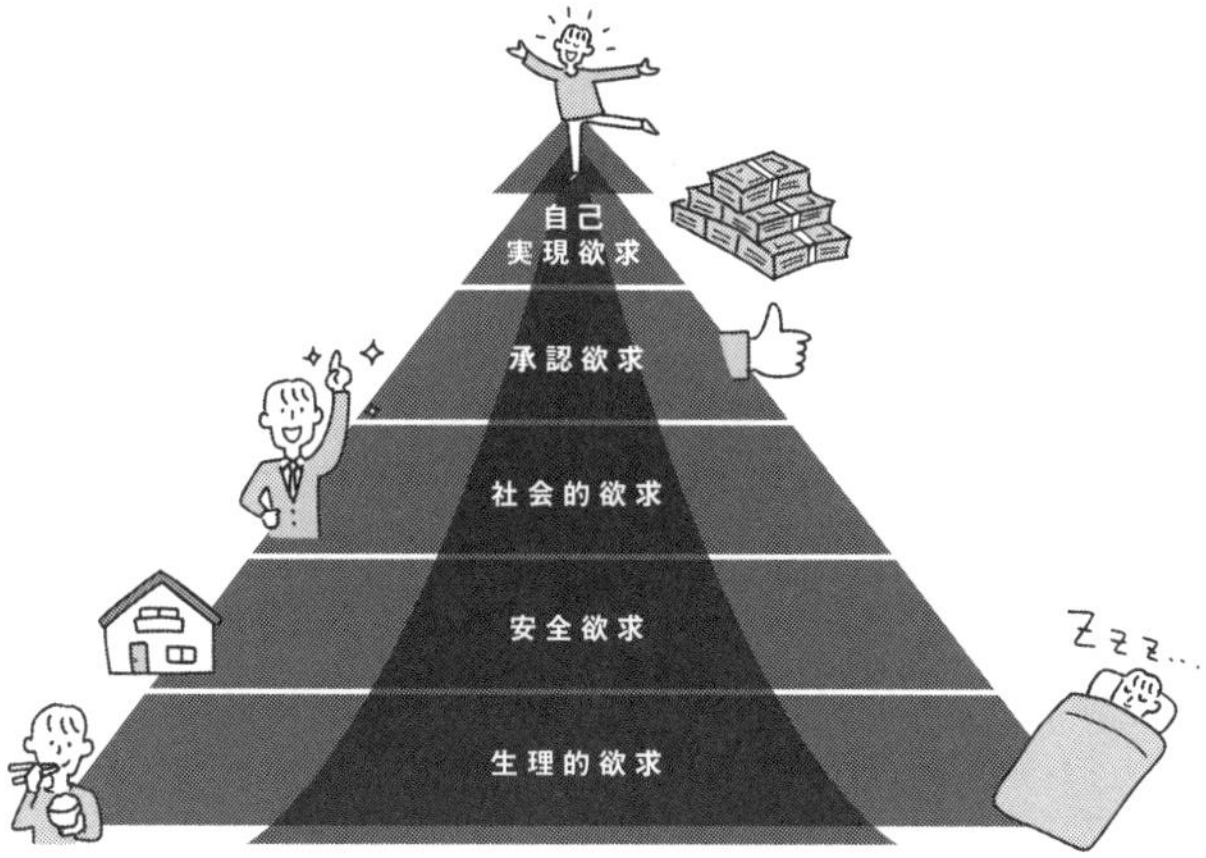

い。

①**「生理的欲求」**と②**「安全欲求」**は、現代の日本ではほとんど満たされていませんか？

いろんな事件や事故が起こるとはいえ、たいていの方は安全に暮らせているのではないでしょうか。

つまり、昔よりも現代のほうが、夢（⑤「自己実現欲求」）を叶えるための土台は整っているので、ラクなはずなんです！

無意識があなたを「自動で夢まで動かしてくれる」

ここまでで、「行動の99％は無意識に支配されていること」「僕たち現代人は、原始時代よりも安心・安全・快適であること」をご理解いただけたと思います。

新しい挑戦に取り組みやすい環境に生きているわけですから、無意識を使いこなして、あなたの夢を一緒に、そして自動的に叶えていきましょう。

キーワードは**「自動的に無理なく叶える」**です。

僕がこれからお伝えしていく方法は、無意識にアプローチをするので、**あなたの行動を自動的に無理なく変えて「願望実現」に近づいていくことができます。**

そのために、注目していただきたいのは**「習慣の重要性」**です。

僕たちは日常的に、無意識のうちにあらゆるルーティンを行っています。

それは**習慣になっているからこそ、無理なくできる**のです。

例えば、歯磨きをすることに大きな心理的抵抗を感じる瞬間はあまりないはずです。疲れていても、習慣になっているので、ササッとできてしまいます。

でも、イメージしてみてください。記憶にはないかもしれませんが、あなたがまだ幼かったとき、一人で自発的に歯磨きをしていましたか？　きっと親から「毎日するんだよ！」と言われるうちに、いつの間にか習慣になっていたはずです。

それと同じで、あなたの夢の実現に必要なことも、これから**習慣化させてしまえば良いん**です。どんな夢にも、その実現のために必要なことはいくつかあるはずです。

例を挙げてみましょう。

素敵なパートナーがほしい方なら、自分磨きをしたり、料理などの技術を向上させたり。起業したい方なら、ビジネススキルを磨いたり、ブランディングのためのＳＮＳ発信を学んだり。

夢の実現から逆算すれば、やるべきタスクはおのずと見えてくるはずです。
それらのタスクを歯磨きのレベルにまで落とし込めると、夢の実現へと近づきます。

つまり、**無意識を味方につけて「やること」をラククラク習慣化していけば良い**ということです。

また、**習慣化を妨げないためにも脳への負担を軽くすることが重要です。**余計な情報を取り入れないために、**「やらなくてよいこと」**を上手にカットしていきましょう。

「無意識」には、あなたの過去から今までの、すべての経験や知識が詰まっています。それらの〝宝物〟を材料にすれば、あなたの未来は本来の望み通りの輝かしいものになっているはずです。

また「無意識」は、それらの宝物を使って、自動的に調理することも可能です。「無意識」とは料理人のようなもの。僕たちは顕在意識を使うことで、無意識をベテランのスゴ腕シェフへと育てることも可能なのです。

成功者の中には「無意識」の使い方がうまい人がたくさんいます。その重要性に早くに気づいたのか、誰かに教わったのか、いずれにしても自ら「無意識」を操れるようになったのです。

「無意識」を操れるようになると、1つのことに限らず、たくさんのことをうまくこなせるようになります。それは、その人の「無意識」（＝シェフ）が調理に慣れているからです。

「無意識」にある素材を、調理法を変え、違った味付けにアレンジして自由に新しい夢として料理できるのです。

なので、どんな夢を持つにしても**「無意識」の達人**になることは非常に重要です。

このお話をすると、よくこんなことを言われます。

「私の無意識には、大した〝素材〟がありません。成功者のようにすごい体験もしていないし、語れるような実績も、誇れるような人脈もありません」

でも、一度よく考えてみてください。今までの人生の中で**「ありがとう」**と言われたことはありませんか？

もし、一度でも人から感謝されたことのある方なら、大丈夫。

あなたには、**間違いなく大きな価値**が眠っています。絶対です。

その価値を、自己実現のために最大限活かしていけば良いのです。

「ありがとう」と言われた理由は、ささいなことで大丈夫です。

例えば、電車で席を譲ってかけてもらった「ありがとう」。

そこにはあなたの優しさ、本質が眠っているのですから、その〝価値〟を大切にしてほしいと思います。

そこから、本書で紹介する方法でさまざまな過多をなくし、理想のあなたの姿をイメージしてみましょう。

ほら、あなたの無意識の声が今、聞こえた気がしませんか？

第１章まとめ

- ほとんどの行動は99%の無意識に支配されている
- ホメオスタシスがあなたの命を守るために、良くも悪くも今のままを保ってくれている
- RASの働きにより、人は意識したものにしかフォーカスできない
- マズローの欲求５段階説によると、昔よりも現代のほうが、はるかに夢を叶えやすい
- やらなくていいことを上手にカットすることで、無意識の魔力を最大限に活用できる
- 無意識に眠っている“宝物”を材料にすれば、自動的に無理なく夢を叶えることができる

第2章

どうしたら無意識を使いこなせるのか？
——進化論ベースの「無意識の使い方」

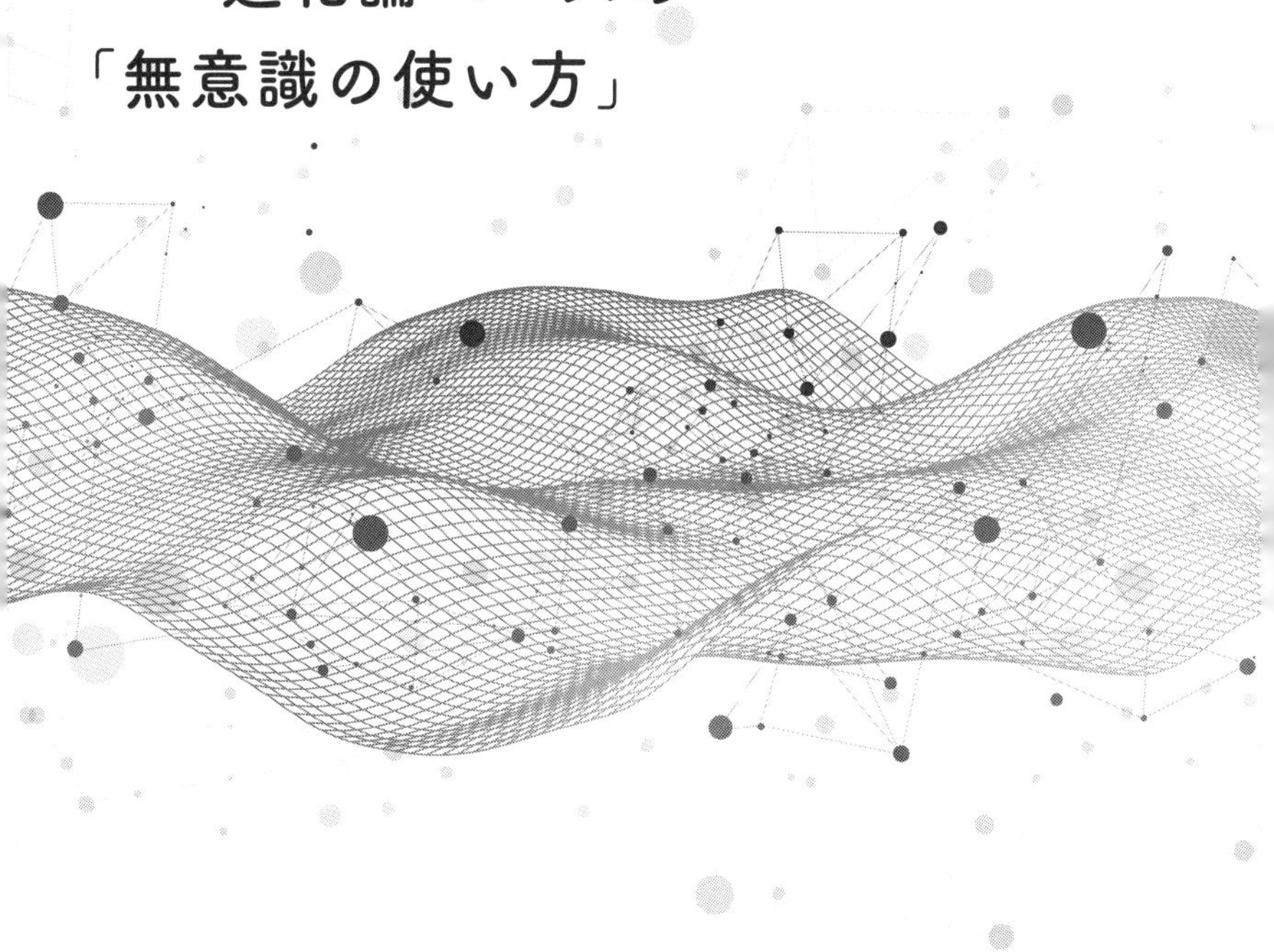

原始人の脳は「無意識」優位だった！

「無意識が夢を自動的に叶えてくれる理屈はわかったけど、そんなことが自分にもできるの？」

そう思う方に、ぜひ知っておいてほしい話があります。

僕たちの祖先は、もともと無意識の優れた使い手だったという事実です。

高度に文明化、情報化、デジタル化されるはるか前の時代。科学が未発達な時代ほど、人々は無意識を巧みに使い生きていました。正確に言うと**「命を１秒でも永らえさせるために、無意識を上手に活用せざるを得なかった」**のです。

極端な例に聞こえるかもしれませんが、マンモスを集団で狩猟していた原始人の暮らしをイメージしてみてください。当時は誰もが「生きること」に必死だったはずです。

前述した「マズローの欲求5段階説」でいうと①「生理的欲求」②「安全欲求」を満たすことで、精一杯だったことでしょう。

食料をつくり出す方法を知らなかった時代、人々は獣や魚を捕えたり、木の実や貝などを集めたりして食べていました。つまり、稲作の技術が伝わってくる前までは、狩猟や採集に頼った暮らしをしていたわけです。

地域や時期によっては、一日中食料にありつけないことも珍しくなかったでしょう。

だからこそ、**「獲物を見つけたら素早く反応できるように、常に無意識が優位だった」**と言えます。

無意識が優位でないと①「生理的欲求」（食欲）も満たせないからです。

また当時は、自然災害から自力で身を守る必要がありました。

大雨、雷、竜巻、洪水、台風、火山の噴火……。

どんな情報でもすぐに手に入る現代と異なり、それらの情報を事前に知るのはほぼ不可能です。

「大きな地鳴りがしたから、もうすぐ火山が噴火するかもしれない！」

「雨がこれ以上降ると、流されてしまう！」

このように、できるだけ早く危険を察知して逃げる必要がありました。

さらに言うと、歩いているときに岩が落ちてきたら、即座に避けねばなりません。

その瞬間に求められるのは、わざわざ**「顕在意識で考えること」ではなく「無意識で素早く察知し、判断すること」**です。無意識が優位でないと、生物として命を落としてしまうからです。

もし、落ちてきた岩を顕在意識で避けようとした場合、どのような思考になるのか（実際、こんなにゆっくりと考えている余裕はないはずですが）想像してみましょう。

①「上から落ちてくる、大きなモノはいったい何だろう？」

②「どうやらこのままだと危なそうに見えるなぁ」

③「横にジャンプして逃げようか」

④「さて、どちらの足から動かそうか」

⑤「利き足の右足を軸にして、横にジャンプしよう」……

このように顕在意識に頼って考えていると、上から落ちてくる岩を避けることなど到底できませんよね？　あっという間に、下敷きになってしまいます。

なので、**生物として音や気配などの異変に気づいた人間は、頭（顕在意識）で考えるのではなく、反射的に身体を反応させ、危険から身を守るようにできている**のです。

それが「無意識が優位」という意味です。

（もちろん僕たちも、そのような性質を受け継いでいるはずです）

このように無意識が優位でないと、すぐに命を落としかねないわけですから、**原始時代の大多数の人は無意識の優れた使い手だった**と推察できます。

特別優秀な人だけが、無意識を使いこなしていたとは考えにくいのです。

原始人は「マインドフルネス」を実践していた!?

このように「無意識の優れた使い手」だった原始人には、僕たち現代人が見習うべき大きな特徴がたくさんあります。

そのうちの一つが、**「今」という瞬間に集中（フォーカス）して、必死に生きていたこ**

とです。

例えば、過去の失敗を思い出して後悔し続けるようなことは、きっとなかったでしょう。

また、未来の暮らしを想像して悲観したり、夢を描いたりするような行為とも無縁だったでしょう。

なぜかというと**「今」以外に気持ちをフォーカスするような〝余裕〟は許されなかったから**です。

例えば過去の失敗から「あの森には木の実がない」「あの川には魚がいない」と学び、その情報を活用したり、仲間に継承したりすることはあったかもしれません。でも「あのときは、魚がまったく捕れなかった」と**過去を何度も思い出したりする余裕**は、おそらくなかったでしょう。

また「来年の冬、木の実がもし蓄えられなかったらどうしよう」と**未来に対して心配する余裕もなかった**でしょう。

原始人の場合、「今」以外に気持ちが流されると、猛獣などの天敵に襲われたり、狩猟や採集の機会を失ったりと、命の存続に関わってくるからです。

反対に、**現代人の僕たちは、ネガティブな過去にいつまでも囚われたり、未来に対しての不安をずっと抱えたり……。**

つまり**「今」になかなか集中しにくいのが現状です。**

常に「今」に集中せざるを得ない原始人の生き方には、学ぶべき点が多いのです。

こんなことを考えるうちに、僕は**「原始人こそマインドフルネスを常に実践できていた」**と気づくことができました。

「マインドフルネス」(mindfulness)とは、**今という瞬間に常に注意を向けて、自分の感覚や感情を冷静に観察できている心の状態**をいいます。

「今」に100%、心を向けている状態のことです。

最近この言葉をよく耳にするようになった方も多いでしょう。

「マインドフルネス」という言葉は、1970年代後半からアメリカの医療分野で用いられ始め、その後多くの医学的研究が行われてきました。

Googleがリーダーシッププログラムにマインドフルネスを取り入れ「感情や健康のマネジメントに効果的」と公表したこともあり、LINEヤフー、メルカリ、大和証券グループといった多くの大手企業も導入しています。

実際、**感情の安定や生産性向上などの効果が研究によって証明されています。**

こう書くと、マインドフルネスを行うメリットとは「ビジネスの分野のみで有益なもの」に見えるかもしれません。

マインドフルネスが、ビジネスパーソンの「生産効率アップの手段」として活用できるのはもちろんです。

でもそれ以外の方にとっても、実は大きな効果をもたらしてくれます。

例えば、今、本書を読んでくださっているあなたのような「夢を叶えたい」と願う方にとって「マインドフルネスな状態」に自分自身を導くことには大きな意味があります。

その理由は明確です。

「無意識」は「マインドフルネスな状態」でこそ、活性化しやすくなるからです。

そもそも「マインドフルネス」な状態になることで、数多くの効果が期待できるとされています。その一部を挙げてみましょう。

【マインドフルネスで得られる10大効果】

①**【重要】ストレスの低減**

②**【重要】マルチタスク脳からシングルタスク脳（集中脳）に切り替えられる**

③ **【重要】不安の解消**
④ **平常心を取り戻すことができる**
⑤ **自己肯定感の向上**
⑥ **EQや共感力の向上**
⑦ **記憶力の向上**
⑧ **創造性（クリエイティビティ）の向上**
⑨ **共感・思いやりの向上**
⑩ **自己統制力の向上**

右の効果は数多くの研究により、すでに実証されています。

この10大効果が得られるだけでも、マインドフルネスな状態の重要性については納得していただけるでしょう。

また大変嬉しいことに、**これらの効果が互いに影響し合うことで、無意識が自動的に活性化してくれるようにもなります。**

無意識は「マインドフルネス」な状態で活性化する

「マインドフルネスで得られる10大効果」の中でも注目いただきたいのは①**「ストレスの低減」**と②**「マルチタスク脳からシングルタスク脳（集中脳）に切り替えられる」**という2つの効果です。

これらの相乗効果により、無意識をより活性化させることができます。

この2つの効果にフォーカスして、お話を進めていきますね。

まず①**「ストレスの低減」**によって、人は緊張を和らげ、リラックスした状態になることができます。すると、つられて**脳波**まで変わります。

この**「脳波」は無意識について理解を深める上で、重要なキーワード**です。

脳波が整っている状態は、過去のトラウマや後悔も、未来に対しての不安もない状態です。

なので、**おのずと「今」に集中できます。**

結果、無意識は活性化しやすくなります。


より詳しく表現すると……。

「今の心地よさ」に気づき、自分の中にすでにあるものに目を向けることで、感謝で満たされていきます。そして「本来の自分の夢」に対しての臨場感が高まり、夢を叶えるためのヒントが次々と浮かんできやすくなります。

なので、ストレスを低減させることはとても大切なのです。

脳波には5種類ある

ここでは脳波について、より踏み込んで解説していきます。

脳波とは、**脳の活動によって発生する電気信号**のことです。

脳波には「α《アルファ》波」「β《ベータ》波」「θ《シータ》波」「δ《デルタ》波」「γ《ガンマ》波」などの種類があり、それぞれの波長によって脳の状態が表されます。

つまり、そのときの環境や活動状態、心理状態などにより、脳波はさまざまな状態に変わるということです。

マインドフルネス状態になると一般的に、α波やθ波が優位になり、β波は減るとされています。

無意識を使いこなすために、僕たちが目指したいのはその境地です。

・α波（アルファ波）

安静にしているとき、脳がリラックスしているときに発生する脳波。8〜13Hzの周波数で、比較的規則正しい波動を示す。

・β波（ベータ波）

脳が活動しているときに発生する脳波。周波数は14〜30Hzで、緊張状態になると20Hz以上になる。振り幅が少なく不規則な波動が特徴。

・θ波（シータ波）

浅い睡眠のときや、作業に集中しているときなどに発生する脳波。周波数は4〜7Hz。深いリラックス状態で記憶の定着がしやすい場合に見られる。

・δ波（デルタ波）

熟睡しているときに発生する脳波。周波数は４Hz以下で、振り幅の大きい波形を示す。

幼児に多く見られる。

・γ波（ガンマ波）

緊張しているときやイライラしているときに発生する脳波。深い瞑想状態でも発生すると言われています。周波数は30Hz以上。「認知機能を改善する効果が期待できる」という報告もある。

日常でよく見られるのはβ波です。緊張や集中を示す脳波です。

図表３　脳波の種類

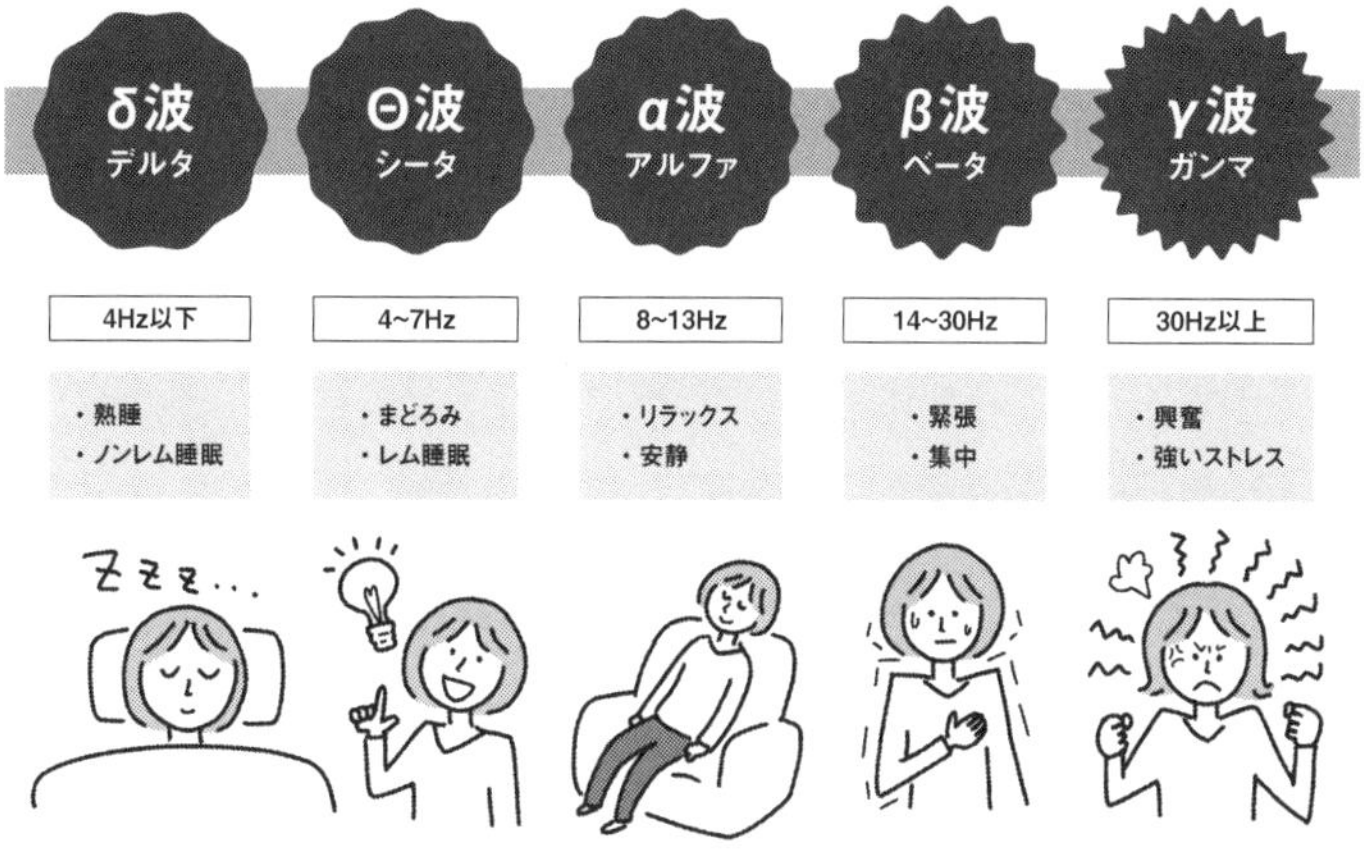

出典：VENUSBED LIBRARY　2024.02.19「脳波の種類や特徴とは｜睡眠と脳波の関係を解説」より引用

意識があるときは五感がフル稼働しているため、神経が張り詰めているというわけです。

そして普段の生活の中でも、リラックスしてくると、α波が優位になってきます。

そして、さらに深いリラックス状態が得られるとθ波が現れます。

α波とθ波を出す瞬間を増やす

θ波は記憶力を高めてくれる脳波の1つです。記憶を司る部位「海馬」で発生します。θ波もα波と同じく、リラックス状態のときに現れます。インスピレーションやひらめきを促すとされています。

θ波が最も出るのは睡眠時ですが、睡眠時以外にもθ波が出ているときがあります。それがマインドフルネス状態のときです。

マインドフルネスな状態のときは脳の前頭前野の活動が活発になり、余計なことを考えなくなり、海馬への負担が減るため、θ波を出しやすくなります。

例えばハーバード大学の研究でも「マインドフルネスが効果的に行われると、θ波の出現率が上がる」ことが検証されています。

ですが、現代社会でθ波を思い通りに出すのはなかなか難しいものです。**仕事をしていたり、プレッシャーがかかっていたりして、ストレスの強い状態だと、β波がどんどん優位になってしまいます。**その状態から抜け出しにくくなると、やがては**自律神経失調状態**となり**「リラックスできない」「眠れない」**という状態になってしまいます。

なので気分転換をしたり、好きな趣味に没頭したり、運動などで身体を動かしたりして「リラックス状態」に自分自身を導くことが大切です。**リラックス状態になると、α波やθ波が優位になりやすい**からです。

特に注目いただきたいのはα波が出ることによるメリットです。

α波は気分がリラックスしているときに出る脳波です。

α波が優勢になると**「成長ホルモン」「女性ホルモン」「男性ホルモン」**、そして**「セロトニン」**と**「βエンドルフィン」**という通称〝**幸せホルモン**〟が分泌されます。

「セロトニン」は自律神経の安定を促してくれます。**つまり、幸せの元そのものです。**

「βエンドルフィン」は脳を活性化させ、免疫力を高め、あらゆる病気を遠ざけてくれます。

つまり、**脳がリラックスしたα波が優位の状態では、僕たちが本来持っている自然治癒力が発揮され、自律神経のバランスも整い、免疫力が高まる**わけです。

そのような身体のベストコンディションは、無意識を使いこなすためには最適です。

また**α波が優位なとき、脳には平常時の60%増の量の血液が流れ込む**とされます。

大量の血液を受け取った脳は、それをフル活用し、身体の隅々まで酸素を届けてくれます。

その酸素が各細胞へ届き、エネルギーをさらに生み出します。

つまりα波が優位なときの脳は、平常時以上のエネルギーを蓄え、いつでも準備万全な状態にあります。

近年、この特徴的なエネルギーは、**願望実現するためには欠かせないエネルギー**だと考えられています。

なぜなら、**α波が優位な状態では、自律神経が整い思考が活発化し、あらゆる夢をプラス思考で捉えられるようになる**からです。

図表４　α波とθ波によるメリット

・記憶力up
・インスピレーションup
・成長ホルモンが分泌される
・女性ホルモンが分泌される
・男性ホルモンが分泌される
・セロトニン（幸せホルモン）が分泌される
・自然治癒力up
・酸素が細胞へ届きエネルギッシュに

反対に、あらゆる夢をマイナス思考で捉えてしまうと、思考は停止し、緊張が生まれ、α波の状態は崩れて、エネルギーは激減してしまいます。

そうなると当然「無意識を使いこなす」どころではありません。

僕たち現代人は、特にα波やθ波を出す機会が減っているため、意識的にマインドフルネスな習慣を取り入れることをおすすめしています。そうすることで、１つ目のメリットである①「ストレスの低減」を目指すことができます。

緊張が和らいでリラックスした状態になることで、脳波は自動的に変わります。

結果、無意識は活性化しやすくなってい

きます。

シングルタスクが前頭葉を活性化させ「今」に戻りやすくしてくれる

ここまで「マインドフルネスで得られる10大効果」のうち、①「ストレスの低減」効果についてお伝えしました。

次に、②「マルチタスク脳からシングルタスク脳（集中脳）に切り替えられる」効果について一緒に見ていきましょう。

「脳波」に続いて、さらに専門的な話になりますが、脳の**「前頭葉」**についてお話しさせていただきます。

結論から言うと、僕たちはたくさんのタスクを同時にこなす「マルチタスク」をやめて、1つのタスクに集中する「シングルタスク」に切り替えることで、**脳のリソースを節約できるだけでなく、前頭葉を活性化させ、結果、自分の力で「今」に戻ることが上手になり、無意識をうまく使いこなせるようになります。**

つまり、**マインドフルネスな状態を、自分でいつでもつくり出せるようになる**わけです。

図表5　スイッチングが起こる様子

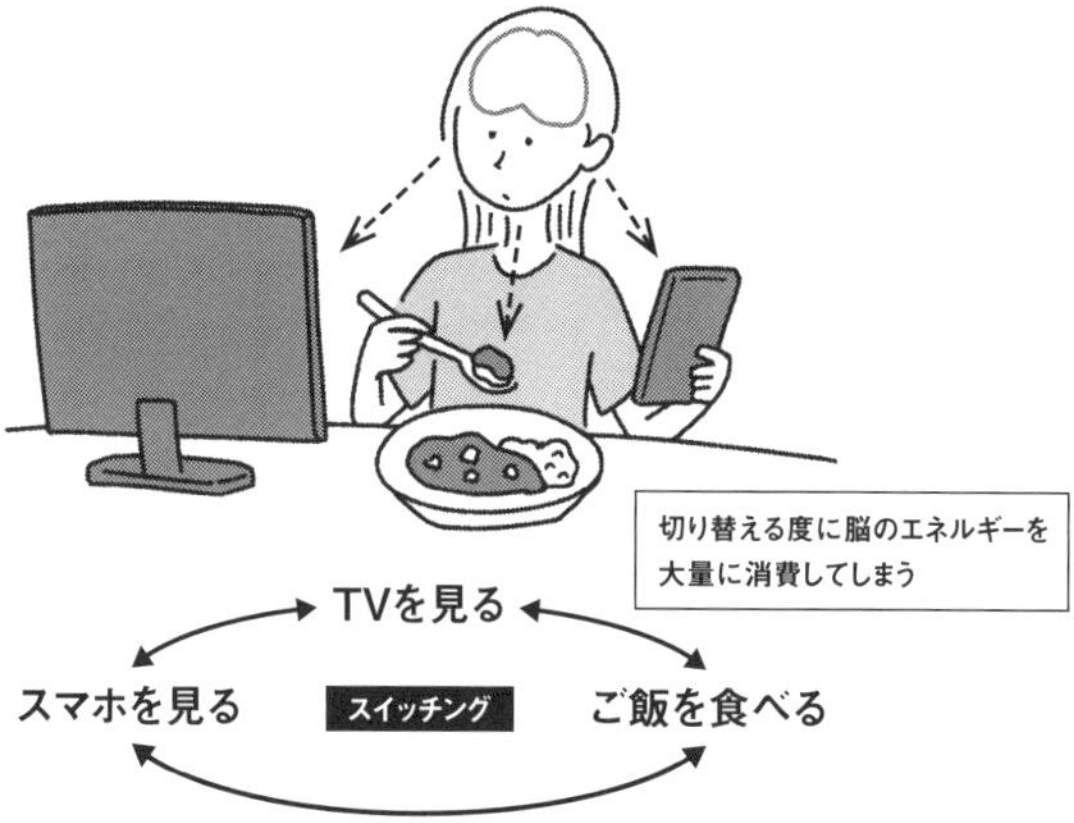

実際に僕がセッションをする際も、もちろんこの「マインドフルネス状態」を常に保っています。

現代社会では「やるべき」（と思い込んでいる）タスクが多いため、多くの人がマルチタスクになりがちです。**僕もかつてはそうでした。**

マルチタスクというのは、効率の良い時間の使い方に見えますが、実は脳に多大なダメージを与えています。なぜなら、**タスクを切り替える際に起こる「スイッチング」という作業でエネルギーを大量に消費させてしまう**からです。

そのような負荷を脳にかけ続けていると、

「今」に集中ができないため、ストレスがたまったり、過去や未来に意識が流されやすくなったりしてしまいます。

だからこそ前頭葉を鍛え、**「いつでも〝今〟に戻ってこられる脳」**をつくる必要があるのです。

僕たちが目指したい流れを簡潔にまとめると、次のようになります。

①「マルチタスク」をやめて「シングルタスク」に切り替える（1つのことに集中する）
↓
②前頭葉が活性化する
↓
③無意識も活性化しやすくなる
↓
④願望実現をしてなりたい自分になれる

このような流れについてお話しすると、次のような質問をよくいただきます。

「マルチタスクって時間効率が最高で、生産効率も高いし、いいことなんじゃないの？」

確かに「マルチタスク」にはそのようなポジティブなイメージがあるかもしれません。例えば「通勤時にネイティブの音声を流し聞きしながら、英語学習をしている」というのも、見方によっては立派なマルチタスクです。

このような「目標達成のために、自分がやりたいから取り入れているマルチタスク」については、僕もおすすめしていますし、実際に行っています。なので、そのようなマルチタスクを否定したいわけではありません。

僕が心配しているのは、例えば次のようなマルチタスクです。

「本来おいしいはずのご飯を、メールを返信しながら食べているため味わっていない」

つまり**「義務感からしているマルチタスク」「本当はやりたくないのにやらざるを得ないマルチタスク」**です。

きつい表現に聞こえるかもしれませんが、そのようなマルチタスクは**〝一種の自己犠牲〟〝本当の自分自身を殺すような行為〟**だと捉えてください。

「無意識を使いこなす」という僕たちの最終目標からはどんどん遠ざかってしまうので、気をつけてほしいです。

そもそも、なぜこんなにマルチタスクが一般的になったのでしょうか。

その背景に目を向けてみましょう。

デジタル技術が進化し、あらゆることがクリック1つで完結するようになったため、僕たちは当たり前のように「マルチタスク」を行うようになりました。

あなたも、複数の案件を同時進行したり、ミーティングに参加しながらその議事録をパソコンで入力したり、歩きスマホでメールを急いで返信したりしたことがあるのではないでしょうか?

「慣れているから、特に気にしていない」という方も多いと思います。

しかし、これは考えてみると異常とも言える事態です。

僕たちの祖先から受け継がれた遺伝子は、少なくとも600万年間続いてきました。

そして、**人間の脳の構造自体は、20万年前とほぼ変わっていない**とされます。

ですが、処理しなければならない情報量は、ここ数年で加速度的に増えているのです。

社会ではたくさんの情報が流れ、僕たちは常に多くのことに気を取られ、流されています。

そして誰もが、毎日のタスクについて**「できるだけ早く終わらせなければ」**という強迫観念に駆られています。

これが、現代社会の現実だと僕は思います。

なので、大多数の人は「より多くの情報を処理して生産性を高めるためには、マルチタスクが最適」と捉えてしまっているわけです。

ですが残念なことに、「生産性を高めるためのマルチタスク」がかえって生産性を悪くしてしまうということがわかっています。

その理由の1つに挙げられるのが、脳の構造です。スイッチングによる弊害も含め、**「人間の脳は、本来マルチタスクには向いていない」**と多くの科学者たちが報告をしています。

多くの科学者たちが、マルチタスクによる弊害を警告

◆アメリカ・スタンフォード大学のオフィールらは次のように説いています。
「2つのタスクを同時に行っているとき、実際には、脳が猛スピードで複数のタスクを連続的に切り替えているだけである」

つまりマルチタスクの過程で違うタスクに移る際、脳は進行中のタスクを一度停止し、

情報を再編成し、新しいタスクや思考のために回路を切り替えることを余儀なくされるため、脳が疲れてしまうのだといいます。

さらに恐ろしいことに、**マルチタスクによって脳が疲れると、前頭前野の機能も低下してしまいます。**

結果、物忘れによるミスが起こったり、**判断力や集中力が落ちたりします。**

また自律神経のバランスが乱れて、**心身の不調が表れる**こともあるそうです。

その上、「マルチタスクをすると**記憶に干渉**が起き、正しく記憶できなかったり、課題の切り替えがうまくいかなかったりする」とも報告しています。

つまり**長期的に見ると、マルチタスクは能率を下げるだけでなく、僕たちの脳や心身をむしばんでいく**とも言えるのです。

◆アメリカ・オハイオ州立大学のワンとチェルネフによる調査では、マルチタスクは、一時的に**「まやかし」の満足感**を与えてくれるものの、**パフォーマンスが落ちる**という事実が明らかになっています。

マルチタスクによって、短期的に効率や集中力が上がったように感じることはあるかもしれませんが、一方で、**マルチタスクを行うと「コルチゾール」という、通称ストレ**

スホルモンが増えてしまいます。

コルチゾールは、脳内の記憶を司る部位にダメージを与えます。そのため長期的には脳の機能の衰えや、脳細胞の損傷を招き、注意力が低下したり、うつ病のリスクが上がったり、認知症のような症状が引き起こされたりする恐れもあります。

◆アメリカ・カーネギーメロン大学のジャストらの研究では、集中力が散漫になると、人間の「情報を符号化する能力」に負担がかかることが明らかになっています。

運転しながら誰かが話しているのを聞いているドライバーの脳のＭＲＩを撮ったところ、**注意力が37％低下**していたそうです。

「マルチタスクができる自分は、かっこいい」

そんな優越感に満たされることもあるかもしれませんが、ちょっと立ち止まって考えてみてほしいと思います。

少しイメージしていただくとわかりやすいかもしれませんが、マルチタスクを行うほど、人は長期的に物事を考えにくくなったり、自分自身に目を向けることができなくなったりしてしまいます。

厳しく聞こえるかもしれませんが、マルチタスクを行う人は、**短期的な情報を追い続ける奴隷**のような状態になっていると言っても過言ではありません。

「今」に戻る能力を司る前頭葉を守るためにも、マルチタスクを行う際には注意をしてほしいと願っています。

大事なことなので繰り返しますが、**無意識を活性化できるのは、「今」に集中できている「マインドフルネス」な状態です。**

図表6　マルチタスク度の高い人はパフォーマンスが低下しやすい

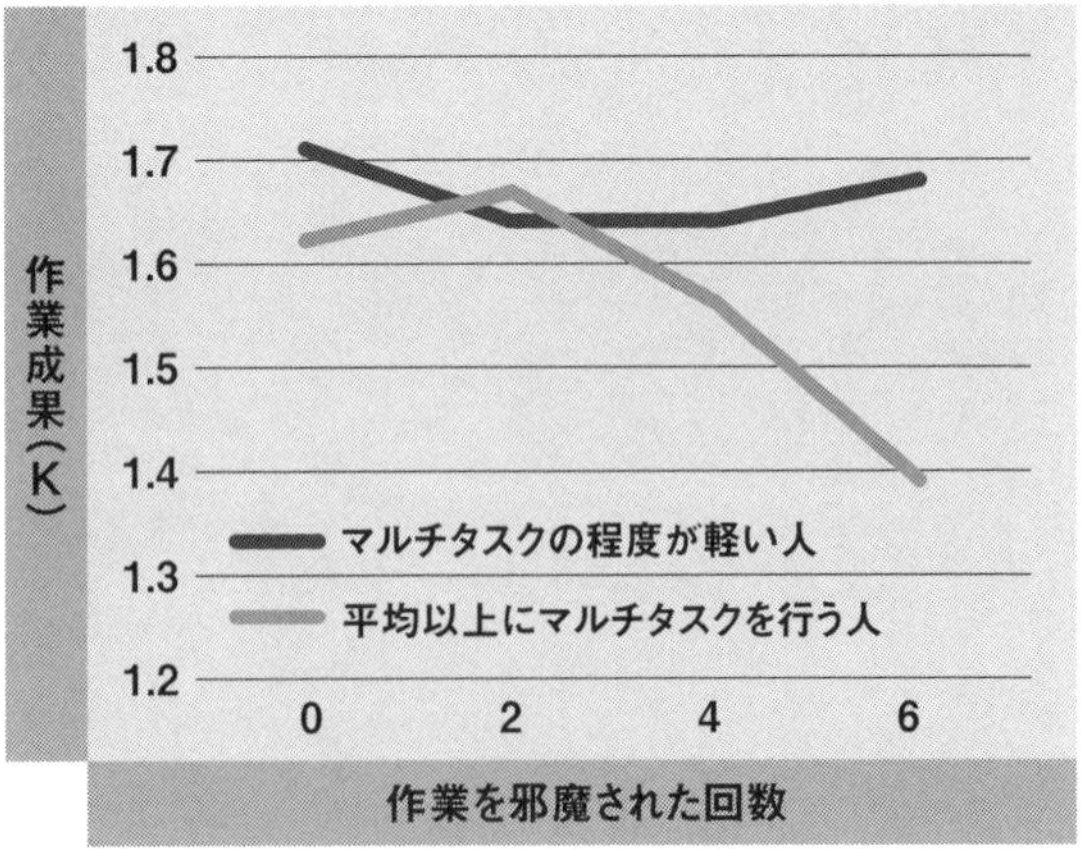

出典：日経xwoman　2021.08.17「スマホアプリの問題点　マルチタスクがストレスの原因に」より引用

現代の環境が、人を「マインドレスネス」にしている

ここまでお読みいただいて、こんな感情が湧いてきているかもしれません。

「好きでマルチタスクをしているわけじゃない！　忙しすぎて仕方ないんだ！」

「周りもみんな、マルチタスクをしているじゃないか！　ということは、現代という時代が悪いのではないか？」

確かにその通りです。マルチタスクをしてしまうのは、〝個人の問題〟というよりは、社会や時代のせいだと、僕も思います。**決してあなただけのせいではありません。**

このように情報の洪水の中で、タスクに追われ、本来の自分を見失い、感情ではなく思考が過多な状態のことを**「マインドレスネス」（Mindlessness）**といいます。

「マインドフルネス」の反対の状態です。

「マインドフルネス」が「今、この瞬間に集中すること」であるのに対し、「マインドレ

スネス」とはその真逆です。

つまり**「注意が散漫な状態、今この瞬間に集中できていない状態」**を指します。

「マインド」は「心」、「レス」は「ない」という意味です。

つまり、「マインドレス」とは簡単に言うと**「心ここにあらず」**という状態です。

ボーッとした状態、なんとなく行動している状態、何か別のことをしながら動作を継続しているだけの状態です。具体例を挙げてみましょう。

①【目的もないのに、ネットサーフィンをしている状態】

ネットサーフィンをダラダラとしてしまう場合、その原因の1つにネット広告の存在があるかもしれません。自分の趣味や好みに近い広告が、画面上に自動で現れるわけですから、意識を持っていかれてしまうのは仕方ない、と言えるでしょう。この問題の解決策については、あとの第4章で取り上げます。

②【入浴時、湯船につかりながら、仕事や人間関係への不満でイライラしてしまう状態】

このケースも重症です。本来、入浴とは一日の中でも最も気持ち良いひとときのはず。

それなのに、考えても解決策のない「人間関係の悩み」に意識を持っていかれるのは、もったいないことです。

③【**興味がない動画をなんとなく視聴しながら、お腹が空いているわけでもないのにお菓子を食べてしまう状態**】

「興味がない動画をなんとなく視聴しながら」というのも、マインドレスネスの1つです。

意外に思われるかもしれませんが「これが好き！」と自分で選んだり、「これをしたい！」と自分で決めたりしていく「自己決定」の姿勢は非常に重要です。

逆に言うと、自己決定ができなかったり、億劫に感じたりする場合、**前頭葉の働きが鈍くなっている可能性**があります。なぜなら**自己決定をするのは、前頭葉の役割**だからです。

もちろん膨大な数の選択肢から「本当に好きなもの」を選び抜くのは、非常に大変です。

前頭葉だって本来の力を発揮し切れません。

そこでおすすめしたいのが、**情報を脳に入れる段階で「厳選する」**という方法です。こ

マインドレスネスな行為があなたをダメにする

の方法についてもあとの第4章でお伝えしますね。

また「お腹が空いているわけでもないのにお菓子を食べてしまう」というのもマインドレスネスな行為です。「自己決定ができていない」（自己決定を放棄している）と言えます。

このようなマインドレスネスな食べ方は、満腹感や満足感を感じにくいため、食べすぎや肥満の原因にもなります。噛む回数も少なくなりがちなので、胃腸にも大きな負担がかかります。

ありがたいはずの「自動操縦機能」にひそむ罠

いかがでしょうか。「私もマインドレスネスなことを毎日してしまっている！」と気になった方も多いのではないでしょうか？　でも安心してください。

「マインドレスネスな状態になっている自分」に気づくことができたのであれば、あとはそこから自分の行動を整えていけば良いだけです。

現状を把握できただけでも、素晴らしいことだと思いませんか？　**まずはそんな自分を「偉い」と褒めてあげましょう。**

しかも、人は元来マインドレスネスに振る舞うよう〝**初期設定**〟をされています。**なので、悪いのはあなたではありません。**

第1章でもお伝えしたように、脳は消費エネルギーを節約するために、もはや〝癖〟として「物事を自動的に処理しよう」とします。つまり、人は無意識のうちにルーティンを行えるようになっているわけです。

このように、人が自動的に行動できる〝初期設定〟のことを専門用語で**「脳の自動操**

縦機能」と呼びます。

無意識のバックアップのおかげで、人は学習さえすれば、たくさんの動作をまとめ合わせ、1つの活動として行えます。細かい動作や作業を意識しなくても、歩いたり、食べたり、歯を磨いたり、電車に乗ったりなどの一連の作業を最小限の力でスムーズにできるわけです。

では自動操縦機能が働いているとき、僕たちの心はいったいどこを向いているのでしょうか。

思い出してほしいのですが、ほとんどは**〝過去〟**や**〝未来〟**のことを考えてしまっています。

そのため、今やっていることに集中できず、注意力が散漫になります。

この状態こそが、マインドレスネスです。

マインドレスネスの状態では、忘れっぽくもなります。

いつも「心ここにあらず」で過ごしているため記憶に残りづらいのです。

例えば、家を出るときに「電気を消したか」「玄関の鍵を閉めたか」が思い出せなくなってしまったことはないでしょうか。

また、**マインドレスネスで過去や未来に意識を流されてしまっているときは、たいてい良くないことを考えてしまいます。**

「過去の素敵な思い出」ではなく「過去のトラウマ」。

「未来の楽しい予感」ではなく、「過去に囚われた暗い未来」といった感じです。

なぜかというと、**心には一般的に「ネガティブ・バイアス」がかかっているため、過去や未来の「良くないほう」へ意識が引っ張られてしまう**のです。

これもまた、**「わざわざネガティブなほうに引っ張ることで、危険を回避し、命を守ろうとする」という、脳の機能の1つです。**

それがひどくなると、なぜかひとりでに怒りや不安といった**「ネガティブ感情が増幅するループ」**に陥ってしまいかねません。

また、この自動操縦機能は**「私は○○しなければいけない」「あの人は、こう思っているに違いない」**などの**思い込み**も同時に生み出しがちです。

マインドレスネスによるネガティブループ

思考もまた、自動化、パターン化したほうが、**脳にとって楽**だからです。

つまりマインドレスネスになればなるほど、こうした〝思い込み〟が意識にどんどん入り込んできてしまいます。そのせいで、本当に大切な人や出会いを自分から遠ざけているとしたら、非常にもったいないことだと思いませんか？

このようにマインドレスネスは、日常的に僕たちの判断能力を奪い、可能性を狭めています。そして、気づかないうちに望んでもいない現実を引き寄せてしまったり、大切な夢の実現を遠ざけてしまっているのです。

原始時代と現代の〝いいとこどり〟で生きよう

もちろん、先ほどお伝えしたマルチタスクも、現代人のマインドレスネス化の原因の一つです。

原始人は、そもそもマルチタスクをしていなかったと推察されます。**なぜなら、彼ら彼女らにそんな余裕はなかったから**です。例えば、食事をとりながらスマホを器用に操作する現代人のように「食事をしながら別のことをする」ことは不可能だったでしょう。想像すればわかると思いますが、原始人は常に野獣に襲われる危険性と隣り合わせだったからです。

良くも悪くも、**現代に生きる僕たちは、ある程度安全や安心が担保されているからこそ、あらゆる場面でマルチタスクをしてしまいがち**なのです。

では、僕たち現代人は無意識を活性化させるために、いったいどうすれば良いのでしょうか。

僕が心からおすすめするのは、**現代社会に流されずに考え、行動をすること。そして**

原始時代と現代のいいとこどり、いわば**ハイブリッドな生き方**をすることです。

当たり前だと思われるかもしれませんが、現代の日本では最低限の安心・安全は保障されています。この恵まれた環境の中で、原始人のように「マインドフルネス」な生き方をすれば、より願望実現が加速し、**何者にでもなれると思いませんか？**

「マズローの欲求5段階説」の①「生理的欲求」と②「安全欲求」はほとんどクリアできているので、③以降の欲求を叶えることに集中するだけでいいんです。

そのときの原則は、**「マルチタスク」ではなく「シングルタスク」**。（「今」取り組んでいる1つのことに集中すること）

そして**「マインドレスネス」ではなく「マインドフルネス」**です。

現代においてシングルタスク＆マインドフルネスで生きるメリットは山ほどあります。

例えば……、

①タスクを切り替える脳のスイッチングの頻度が減り、脳も心も安定する
②集中力がアップして、仕事でもプライベートでもアウトプットの質が上がる

マインドフルネスは良いことがたくさん

③「ながら作業」がなくなるため、より信頼されるようになり人間関係がより良好になる

④感受性が高まるため、より多く、より豊かなインプットを得ることができる

そんな可能性を、これから一緒に手に入れていきませんか？

「人間らしさ」を取り戻し、無意識をフルに活性化させる

では、いったいどうすればマルチタスクをやめて、マインドフルネスな状態で生きていけるのでしょうか。

自分をマインドフルネスに導くには、まずは無意識の使い方の見直しから始めてみましょう。

ほとんどの人は貴重な無意識を、外側からの刺激に〝ただ流されるがまま〟にしています。

例えば**「過去のトラウマ」「未来への不安」**に囚われてしまったり、広告や宣伝などの情報に心を奪われたり、何気なくかけられた他人からの一言をずっと気にして病んでしまったり……。

無意識を使ってはいるのですが、「考えても仕方がない方面」や「本当は興味がない方面」にばかりフォーカスを向けさせられてしまっているのです。

つまり、無意識という貴重なリソース（心的な資源）を無駄にしているのと同じです。無意識は意識の99％も占めているとはいえ、その能力にはさすがに限界があります。**無意識が持つ力を〝浪費〟していては、夢の実現のために使えなくなってしまう**でしょう。

また、無意識とは「切れ味の良い包丁のようなもの」と考えるとわかりやすいです。正しく使えばおいしい料理をつくることができます。つまり、夢を実現させる方面に使えば、確実にその夢を叶えてくれます。でも、誤った使い方をすれば人を傷つける道具にもなってしまいますよね？

無意識を浪費ばかりしていては、夢の実現から遠ざかってしまうだけでなく、現代社会の悪影響ばかりを受けてしまい、心身を疲弊させて一生を終えてしまう危険性があります。正直、99％の人間は、無意識を浪費し、自分が本当にやりたいことに気づかないまま命を終えてしまっていると僕は思います。

なので、**本書に出合ったあなたの無意識は、あなた自身に使いこなしてほしいと、強く願っています。**

だからこそ、原始人のような「シングルタスク」の姿勢で、無意識をフルに活性化させる「マインドフルネス」な生き方を一緒に目指していきましょう。その生き方こそが「人間らしさ」だと僕は考えています。

頭で考えてばかりいるのではなく、身体感覚である五感や、直感を大切にしながら、自分の本心と向き合い、本当にやりたいことにとことん取り組む。そんな**人間らしい生き方**を取り戻していきましょう。

そのためには、**僕たちが抱えすぎてしまっているさまざまな〝過多〟をまず捨てること**です。

「はじめに」でも少し触れましたが、**新たなことを一から身につけるのではなく、ただ「捨てる」だけで良いのです。**

この後の第3章では**「不安過多」**、第4章では身の回りの**「情報過多」**、第5章では**「人付き合い過多」**の解消法について詳しくお伝えしていきます。

①「不安過多」を解消する

不安に襲われたとき、僕たちの身体に一瞬にして〝ある変化〟が起こります。

体内から**「アドレナリン」**というホルモンが分泌され、交換神経が活発になり、呼吸が速くなり、心拍数や血圧が上昇し、筋肉が緊張します。

このような身体の反応を**「闘争・逃走反応」**（fight-or-flight response）といいます。そして、全身のモードが一瞬にして**「サバイバルモード」**に切り替わります。

この「サバイバルモード」は、原始時代においてはとても大事なものでした。例えば森の中で、突然野獣と出くわしたとき、身体をすぐに動かせる「サバイバルモード」だからこそ、身体能力を最大限に発揮して相手を仕留めたり、あるいは逃げたりできたわけです。

ですが、現代人にとってはどうでしょうか。僕たちは「相手に命を狙われること」は、めったにありませんよね？

それにもかかわらず、**気づかないうちに「サバイバルモード」に切り替わってしまっている現代人が意外と多い**のです。

実は、「サバイバルモード」には多くの弊害があります。

交感神経が過剰に高ぶっているこの状態が続くと、**動悸や肩こり、頭痛、不眠などの症状を引き起こす可能性**があります。やがて心身は疲弊し、意欲も低下してしまいます。

またサバイバルモードは、**脳にまで悪影響**を与えます。サバイバルモードでは視野が狭まり、**前頭葉の前側「前頭前皮質」の活動が休みがちになっていく**ことがわかっています。

前頭葉とは「今」に戻る能力を司る脳の部位でしたね。その働きが低下するとは「自分の力で〝今〟に戻りにくくなってしまう」ということ。

つまり、**サバイバルモードになることが多いと、マインドレスネスな状態に陥り、無意識が思わぬ方向へと流されやすくなる**というわけです。無駄に「サバイバルモード」にならないためにも「不安を感じる瞬間」は減らしたほうがいいと、僕は考えています。

そもそも「不安に感じるかどうか」は、本人の気持ち次第。なので第3章では**「そこまで〝不安〟に感じる必要はないんじゃない？」**という**発想の転換術**を伝授します。

②「情報過多」を解消する

メディアが発信するニュース、街や交通機関を埋め尽くす広告、そしてネット上にあふれる情報。「小さい頃からそうだったから、慣れている」という方もいるかもしれませ

図表７　平安時代、江戸時代、現代の情報の多さと恐怖

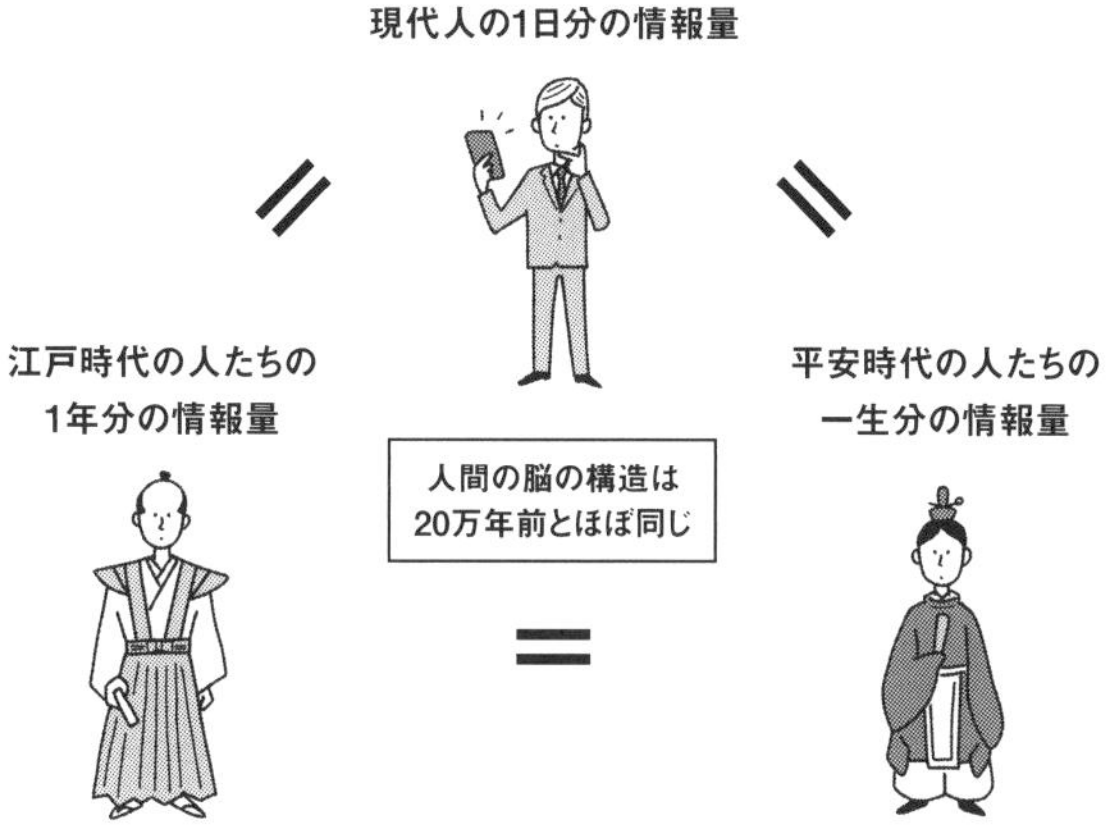
現代人の1日分の情報量
江戸時代の人たちの
1年分の情報量
平安時代の人たちの
一生分の情報量
人間の脳の構造は
20万年前とほぼ同じ

ん。ですが、実は脳にとっては大きな負担になっています。

現在、僕たちが１日に触れる情報の量は、**江戸時代の人たちの１年分、そして平安時代の人たちの一生分**と言われています。ですが、よく考えてみてください。**人間の脳の構造自体は20万年前とほぼ変わらない**のにもかかわらず、触れる情報の量が激増しているこの事態は、**生物学的に見ても明らかに異常**だと思いませんか？

どれだけ好きな分野の情報だとしても、脳の仕事量がこれだけ増えると、**大量のストレスホルモン**が分泌されてしまいます。また脳のリソースが常にフルに使われてしまっているため、**新しいアイディアや直感もひらめきにくくなります。**願望実現のために使うどころではありません。

中には有益な情報もあるかもしれませんが、情報の洪水に流されるデメリットのほうがはるかに大きいはずです。無意識の力を最大限に発揮させるためにも、脳のリソースを節約し、自分の目で必要な情報を厳選していきましょう。

③「人付き合い過多」を解消する

人間関係はとても重要です。ただ、付き合う相手によっては**ストレスやプレッシャーが増えたり、自分の時間やエネルギーが奪われたりと、デメリットが生じる**ことも少なくありません。

オンライン（SNS）にしてもリアルにしても、自分の意志で付き合う人を決める必要があると考えています。

判断基準は**「無条件で心から楽しめる相手かどうか」**。

つまり、**義理や義務感で付き合う必要はない**ということです。あなたが**心からつながりたい人とつながり、人間関係を深めていくことで、より無意識は活性化され、身も心も満たされていきます。**

そもそも原始人は、義理や義務感で人と付き合うことはなかったでしょう。彼ら彼女らにそんな余裕はないからです。気の合う人や尊敬する人とだけ付き合っていたはず。

最も避けたいのは「価値観の違う人と無理やり付き合って、嫉妬の感情に苦しんだり、自信をなくしたり、自己評価を下げてしまったりすること」です。なので、悪影響を受けるような人間関係はできるだけ避けましょう。**交友関係は「もっと自由でOK」**というのが僕の考えです。

第２章まとめ

- 原始人は強制的にマインドフルネスな生活を送っていた
- マインドフルネスには、ストレスの低減、集中力のUP、不安の解消など数多くのメリットがある
- リラックス状態になると、α波やθ波が優位になるため、さらに無意識が活性化され願望実現につながる
- マルチタスクを行うことでスイッチングが発生し、脳のエネルギーを大量に消費させてしまう
- 現代の環境が人をマインドレスネスにしている
- 人間にはネガティブ・バイアスがかかっているため、過去や未来の「良くないほう」へ意識が引っ張られやすい
- 不安過多、情報過多、人付き合い過多など、さまざまな過多を解消することで無意識が活性化する

第3章

無意識を使いこなす法①
——「不安過多」の解消

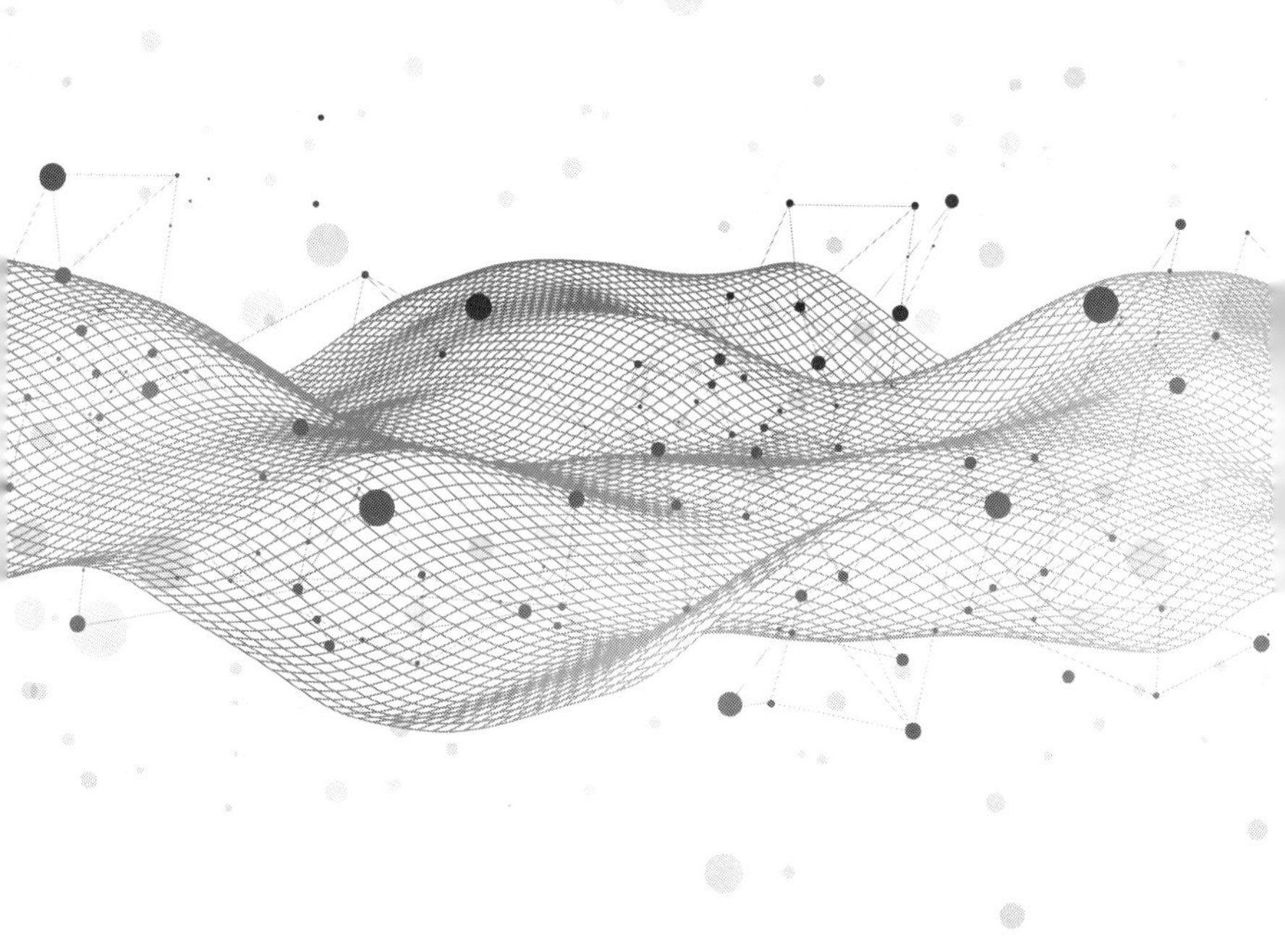

「夢を叶える時間の流れ」とは？

第2章では「僕たちの意識が良くないほうの〝過去〟や〝未来〟に流されやすい」というお話をしました。

過去の「良い出来事」ではなく「嫌な出来事」を思い出したり、「楽しい未来」ではなく「悲観的な未来」を予想したり……。それではいつまで経っても、**不安の感情がなくならず、心が萎縮し、無意識にさらにネガティブなほうへと引っ張られてしまいます。**何を見てもネガティブな捉え方しかできなくなり、夢を叶えるどころではなくなってしまいます。

そこでおすすめしたいのが**「時間観」をガラリと変えること**です。

今からお伝えする時間観で物事を捉えると、不安を一気に減らすことができます。あなたの〝常識〟とは180度異なるかもしれませんが、新たな気持ちでいったん受け止めてみてください。**無理に受け入れる必要はありませんので安心してくださいね。**

ここで一度イメージしてみましょう。あなたにとって「時間」の流れは、「過去→未来」「未来→過去」どちらですか?

多くの方は、時間の流れを**「過去→現在→未来」**という順序で捉えているのではないでしょうか。

実は、このような時間の流れは西欧的、キリスト教的な考え方がもとになっているそうです。このような時間観が現代社会の常識であることは、僕も認識しています。

ですが、真逆の流れを説いた人たちも実際に存在します。

時間の流れを**「未来→現在→過去」**と捉える考え方もあるのです。

例えば、釈迦の入滅後の仏教の考え(アビダルマ仏教)がそうです。

「未来→現在→過去……って、いったいどういうこと?」と混乱されるかもしれません。

なので、具体的にイメージがしやすいように例え話をしてみますね。

昔話の「桃太郎」を思い出してみてください。

「桃太郎」の例え話

【問い①】

あなたが川で洗濯をしていたとします。

そこへ、どんぶらこ、どんぶらこ、と大きな桃が流れてくるところを想像してみてください。

桃は、あなたの目の前に、これから現れますよ……。

はい、今、あなたの目の前に桃が流れてきました。

では、桃は「過ぎ去った過去」か「これから来る未来」か、どちらから流れてきたと思いますか?

ヒント:桃が目の前に来る前は、まだ来ていない(過ぎ去っていない)

【答え①】

答えは「未来」です。過ぎ去ってしまった過去から流れてくるわけないですよね。

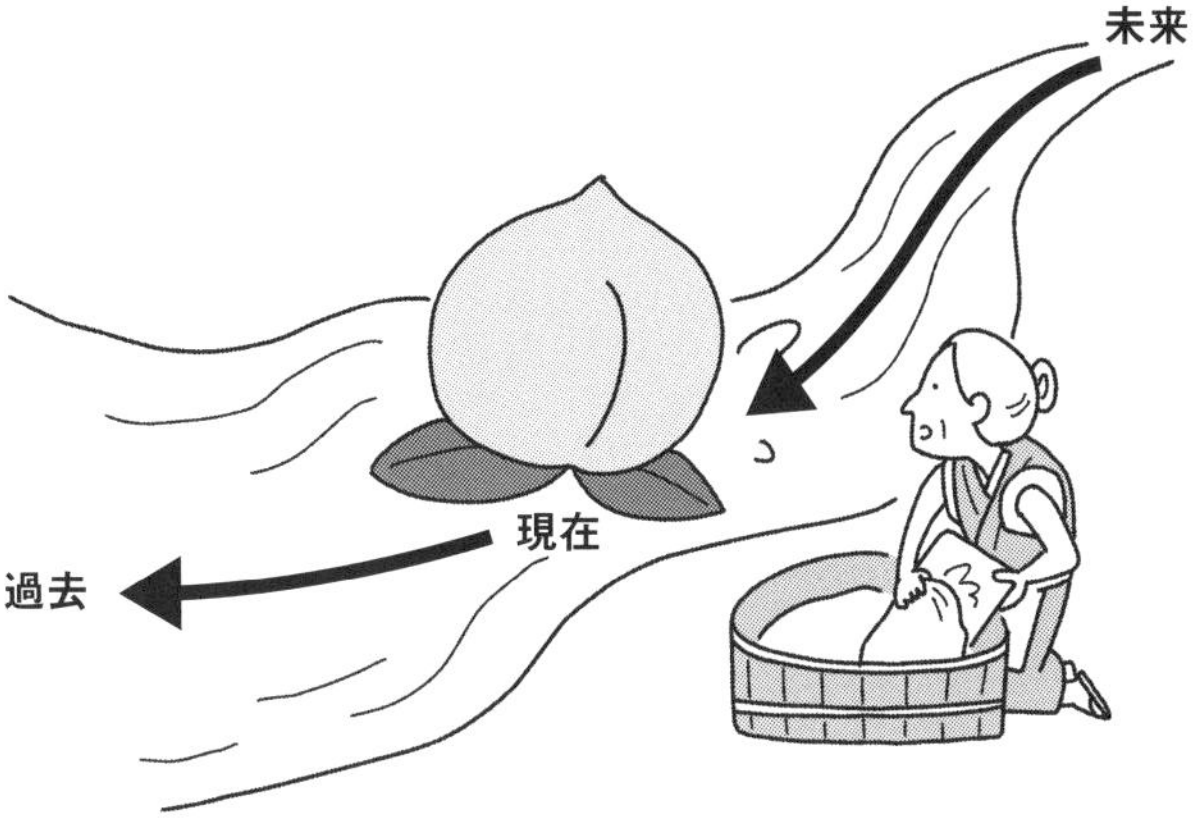

桃と時間軸

【問い②】

あなたは、目の前に流れてきた桃を拾わなかったとします。

桃は、どんどん下流へと流されていきます。

流れ去ったその桃は、「過去」か「未来」か、いったいどちらへ流れていくと思いますか？

ヒント：桃が流れ去った後は、すでに過ぎ去っている

【答え②】

答えは「過去」です。未来に流れていくわけはありませんよね。

【問い③】

ではこの桃は、どこからどこに流れたのでしょうか？

「過去」と「未来」という言葉を使って表現してみてください。

【答え③】

「未来から過去に流れた」、このように考えられますよね。

いかがでしょうか？　桃という物体が「未来↓現在↓過去」という順序で流れていったことが、感覚的につかめたのではないでしょうか。

この「未来↓現在↓過去」という時間観で生きると大きなメリットを得られます。

それは、過去からのネガティブな影響を受けずに済むということです。

「過去から未来に時間が流れる」と考えてしまうと、過去の経験に縛られてしまいがちです。

「過去に、私はうまくいったことがないから」

「私の経歴（実績）は、どうせ大したことがないから」

「前にも同じようなことがあったけど、失敗に終わったから」

このように過去に意識が引っ張られると、未来への不安の感情が湧いてきてしまいますよね。

一方で、**「未来↓現在↓過去」という時間観の場合、「過去」には囚われにくくなります。**

「桃がやがて下流に流れ、目の前から遠ざかっていったように、どんな出来事も過去へと流れていくだろう」

無意識にそう捉えているからです。だからこそ、そこに不安はありません。

すると「過去」には一切関係なく、「未来」を自由につくれる気がしませんか？

なぜなら、**時間の流れが「未来」から流れていると確信しているので、その未来を自由に「今」この瞬間に選ぶことができるからです。**過去にどんなにつらいことがあったとしても、それには執着せず**「未来を自由につくろう」**と思えるはずです。

つまり**「過去とはやがて流れ去っていくもの」**という安心感が生まれると、あなたの無意識は**どんどん新たな挑戦をしたくてたまらなくなります。**

「マズローの欲求5段階説」でいうと③「社会的欲求」→④「承認欲求」→⑤「自己実現欲求」の順番で、**より高次の階層の欲求を満たそうとしてくれます。**

だからこそ、時間観をひっくり返すことに、大きな意味があるのです。

過去に引きずられる必要は一切ない

この時間観のお話をすると、必ずと言っていいほど「因果関係」について、質問をいただきます。

「過去にこれをしたから、未来こうなる」という因果関係はなくなってしまうのか？と疑問に思われるようです。

いやぁ、さすが、鋭いですよね！

結論から言うと「残る因果関係」と「残す必要のない因果関係」の2通りに分かれます。

「残る因果関係」とは次のようなものです。

【例】「看護師専門学校を卒業した」（原因）→「看護師として働けるようになった」（結果）

看護師になる勉強をしなければ、看護師として働けるようにはならないでしょう。

一方「残す必要のない因果関係」とは次のようなものです。

主にネガティブな思い込みが絡んでくるものです。

【例】「私は裕福ではない家庭に生まれて幼少から苦労した」（原因）→「（裕福ではない家庭に生まれたせいで）社会に出て働くようになっても、お金に苦労し続けている」（結果）

このように「うまくいっていない今」と「ネガティブな過去」を結び付けても、1つもいいことはないです。なぜなら、「どうせうまくいかない」と自分自身に自ら暗示をかけているせいで「引き寄せの法則」が働き、**「うまくいかない状況」を自ら招いている可能性が高い**からです。

その証拠に「裕福ではない家庭に生まれて苦労した人」でも、「うまくいっている人」

はたくさんいます。例えば、「裕福ではない家庭」に生まれて苦労したからこそ、人生を変えたいと願い、起業をしたり自分の特技を活かしたりして成功し、経済的自由を手に入れている人は、実際に存在するものです。

僕自身も、裕福ではない家庭に生まれましたが、今はこうして毎日息をしているだけで最高の幸せを感じて生きることができています。

裕福ではない家庭に生まれた人、全員がうまくいっていないわけではありません。

そのような成功者は、おそらく**過去（自分の生まれた環境や経歴など）には囚われず、明るい未来を自由に思い描き、行動を積み重ねて、人生を好転させた**のでしょう。

「過去原因説」より「未来原因説」

そもそも生まれた環境なんて、自分の力でどうにかできることではないですよね？

だからこそ、過去にはこだわらず、**「自分が変えられること」（＝未来）にフォーカスをして、今できることを積み重ねていけばいい**と思いませんか？

「過去が自動的に未来を決める」のではなく「今この瞬間からの行動で未来を変える」。

そういった意味でも**「今」に戻ること**が重要なんです。すると、未来に対しての不安を大きく減らすことができます。

このように**「未来に原因を求める考え方」**を**「未来原因説」**といいます。「過去の延長線上で〝今〟や〝未来〟が決まる」という考え方よりも、はるかに夢は叶いやすくなるのです。

反対に「過去の延長線上に未来がある」「過去に悪いことがあったから、未来でも悪いことが起こる」「過去に失敗したから、未来でも失敗する」「過去はうまくいかなかったから、未来もうまくいかない」……。

このような**「過去に原因を求める考え方」**を**「過去原因説」**といいます。

いったんこの思考に陥ってしまうと、そのネガティブな思考通りに現実は確定されていきます。**無意識には「自分が思い込んでいる通りに現実化していくこと」に快感を覚える性質がある**からです。

ちょっと不思議に聞こえるかもしれませんが、**無意識は（どんなに悪い思い込みでも）「自分が思い込んでいる通りに現実化していく」ほうを好みます。**

そのほうが、**思考と現実の整合性**が取れてすっきりするからです。

（もちろん、これは自覚できる顕在意識ではなく無意識レベルでの話です）

だからこそ「過去に悪いことがあったから、未来でも悪いことが起こる」という思い込みそのものを変えたほうが、人生がうまくいきます。**今からでも決して遅すぎることはありませんので安心してください。**

今まで持っていた、「過去→現在→未来」という時間観に対しての考え方を、今この瞬間から変えることで、**夢を最速で叶えることのできる体質になれる**のです。

未来から逆算すれば、不安は解消できる

「常識が染みついているから今さら時間観なんて変えられない！」

そんな人は一度、原始時代をイメージしてみてください。

時計はもちろん「時刻」という概念すらなかった時代です。**命の危険はあったものの、きっと、植物や他の動物と同じように、時間に囚われることなく、自然と調和しながら毎日の生活を送っていたはずです。**

「過去→現在→未来という時間観は、人間の都合で勝手につくり出した考え方」だと僕は考えています。そんな洗脳からは今すぐ抜け出し、**「未来は自分で決められる」**と確信し、そこから逆算して**「今できること」**を書き出してみることで、未来に対しての可能性は大きく広がっていきます。

一度リラックスしながら考えてみましょう。

「夢を叶えた未来の自分」が「今」の世界を生きているとしたら、「今」どのように振舞っているでしょうか？　今までの感覚とは違う気がしませんか？

不安の感情は、なかなか湧いてこないはずです。**反対に、未来の自分が、今の自分に対して適切なアドバイスをくれる可能性もあります。**

このマインドセットを身につけたあなたは、もう最強です。

無意識の使い手へと、大きく一歩近づいたことになります。

正負の法則――「良いこと」も「悪いこと」もプラスマイナスゼロになる

人生には、豊かに生きていく上で重要なルールが存在します。この世に生きている人すべてに共通する普遍的なルールです。

それは昔から**「宇宙の原則」（原理原則）**などと呼ばれ、言い伝えられてきました。「宇宙の原則」とは1つしかないわけではありません。多くの法則がこの世に存在します。

例えば「因果の法則」「引き寄せの法則」という言葉を聞いたことはありませんか？

そういった法則をひっくるめたものが、宇宙の原則だと言えます。

ですが、それらが1つの学問としてまとまっているわけではありません。

わかりやすく例え話をしてみましょう。

法律の世界には『六法全書』という分厚い本があります。

そこには、日本の法律の中で特に重要とされる「憲法」「民法」「刑法」「商法」「民事訴訟法」「刑事訴訟法」という6つの法律がまとめて掲載されています。

法律の専門家を目指す場合、『六法全書』を買ってきて勉強すればいいわけです。

しかし「宇宙の原則」を体得しようとする場合、『六法全書』のように、内容が1冊にまとめられた本はなかなかありません。

実は僕自身、今まで自分への投資を重ねることで、何人もの師から「宇宙の原則」について学んできました。結果、いくつもの「宇宙の原則」を知ることができ、日々実践できています。

本書では、それらの原則も惜しみなくお伝えしていきますので、安心してください。

今からお伝えする**「正負の法則」**もその1つです。

「宇宙の原則なんて知ったところで、いったいどうなるの？」

そんな声も聞こえてきそうですね。答えはシンプルです。

宇宙の原則を知ると、人生において**「なぜ?」と悩むことが激減します。自分に起こっていることの原因が、すべて法則に当てはまるようになるから**です。すると、どんなことが起こったとしても**「だからこうなったのか!」**と自分自身で納得できるようになるため、**不安の感情を手放せる**ようになり、常に安心感に包まれます。

――例えば、客観的に見て「大きな不幸」に見舞われたとしても、「なぜ、私だけこんな目に遭わなきゃいけないの?」と理不尽に感じ続けることもなく、「次はこうすれば良いのか!」と、早くに冷静さを取り戻し、そこからベストな行動を積み重ねていけるようになります。

また「この不幸を乗り越えられるだろうか」と不安に襲われることもなくなるでしょう。

このように、「宇宙の原則」を知っていると、どんな状況でも乗り越えやすくなります。

「宇宙の原則」とは、科学的な理論に基づいたものも多く、とてもわかりやすいものです。なので、どんな人であっても自分の「マインドセット」として簡単に取り入れることができます。

とても応用の利く法則ばかりなので、日々取り入れてみてください。

すると、あなたが抱えている「不安」はみるみる減っていきます。


あなたの中に「不安」があると、脳はその不安を解消するために、リソースをみるみる消耗していきます。

しかし不安が減ると、脳のスペースに余裕ができるので、その分、無意識を願望実現のために活用しやすくなっていきます。


だからといって、**「不安をゼロにしなきゃ！」と慌てる必要はありません。**人はほんの少しの「不安」があることで、危機を避けたいがために、無意識で努力をしたり頑張ったりできるからです。

ただ現代に生きる人は、あまりにも不安が過多な状態になってしまっています。

なので、可能な範囲で不安を減らしてあげることが理想的です。

「正負の法則」がわかると不安がなくなる

さて、本題に入りましょう。

あなたは**「正負の法則」**という言葉を聞いたことがありますか？

「正」とはプラス、「負」とはマイナス。

「プラスマイナスゼロの法則」とも呼ばれています。

一言で言うと**「人生をトータルで見ると、プラスの出来事（良いこと）とマイナスの出来事（良くないこと）の、すべてを相殺するとゼロになる」**という法則になります。

つまり**「一生のうちで、良いことも悪いことも、同じ分だけ起こる」**という考え方です。

このような定義を知って、あなたはどう感じますか？

「納得できる」という方もいれば、「まったく納得できない」という方もいるでしょう。

ですが、「正負の法則」の本質を正しく理解できるようになると、すんなり腹落ちしていただけるはずです。

また、物事の見方がガラリと変わるため、不安などのネガティブな感情を一気に断ち切ることができます。

「正負の法則」を知っていることのメリットを挙げてみましょう。

不幸のどん底にあるとき、不安を払拭してくれる

先ほど、こんな例をお伝えしました。

——客観的に見て「大きな不幸」に見舞われたとしても、「なぜ、私だけこんな目に遭わなきゃいけないの？」と理不尽に感じ続けることもなく、「次はこうすれば良いのか！」と、早くに冷静さを取り戻し、そこからベストな行動を積み重ねていけるようになります。

また「この不幸を乗り越えられるだろうか」と不安に襲われることもなくなるでしょう。

大きな不幸のどん底にあっても、なぜそれを乗り越えられるのかというと、この「正

図表8　正負の法則（プラスマイナスゼロの法則）

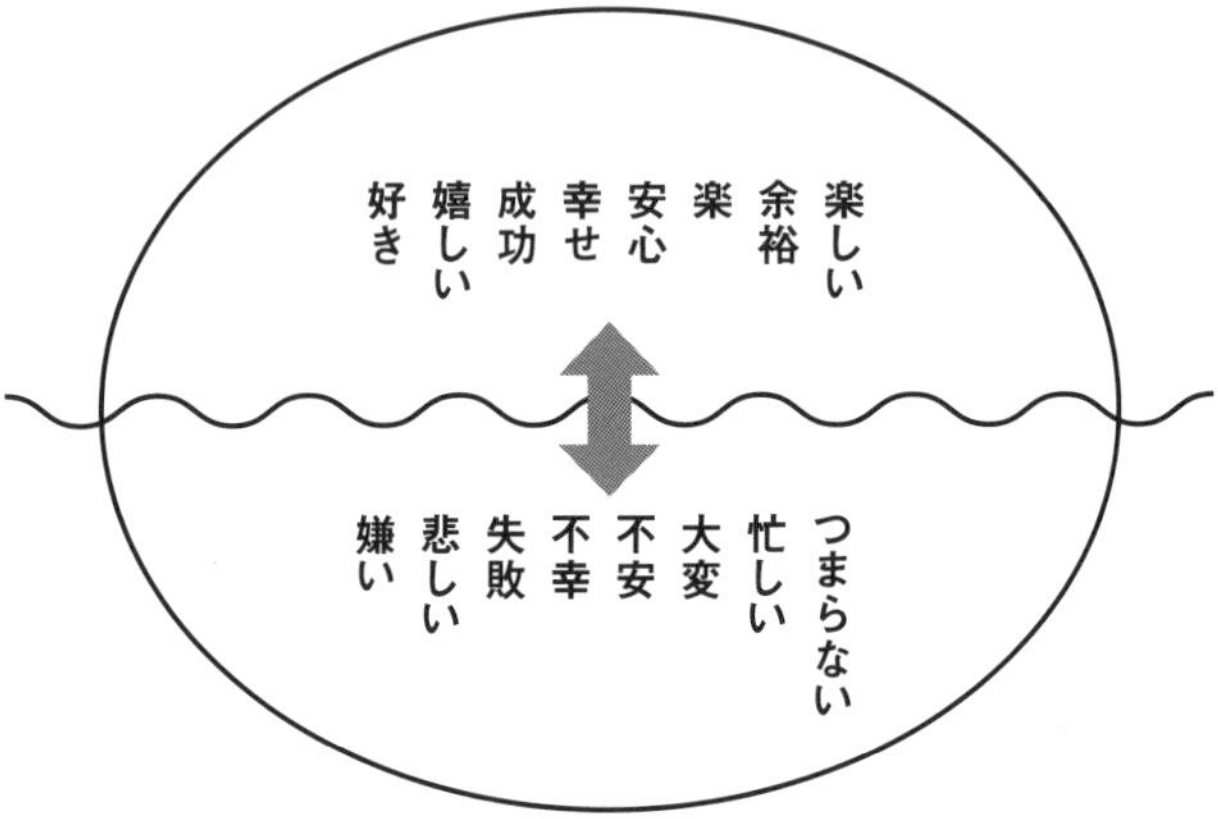

負の法則」によって、**「人生において、プラスの出来事とマイナスの出来事は同じバランスで構成されている」**ことがわかっているからです。

「今は大変だけれども、こんな不幸が長く続くわけがない」

「これからは、いいことが間違いなく起こるはず」

「不幸な目に遭い、つらい思いや面倒な思いをしたけど、むしろこれくらいの小さな不幸で済んで良かった」

このように「不幸」をもポジティブに捉えることができたり、**「むしろこれくらいの不幸で良かった」**とフラットに捉えられるようになります。そこに「不安」は一切ありません。

これが「正負の法則」を知っていることの1つ目のメリットです。

一方で、「正負の法則」を知らなかったとしたらどうでしょう。

いつまで経っても「なぜ、私だけがこんな目に遭うのか」と悩み続けたり、「これからどうなるのだろう」と不安に襲われ続けたりしてしまうでしょう。

嫉妬の感情まで手放せる

「正負の法則」を知っていることのメリットはまだまだあります。

他人を羨まなくなることです。

世の中には「お金持ち」「成功者」「美人」「イケメン」……など、誰もが羨む要素を持ち合わせた人たちが存在します。

本来であれば、そんな人たちと自分自身を比べて、落ち込む必要などありません。

なぜなら、人間は一人ひとり違う側面を持っているものなので、そもそも「人と自分を比べる必要がない」からです。これもまた「宇宙の原則」の1つと言えます。

ですが、「ついつい人と比較してしまう」という方も多いでしょう。

　そこでおすすめしたいのが「正負の法則」に当てはめて、自分の思考を見直してみることです。

「なぜあの人は、生まれつきお金持ち（美人、イケメン）なの？」
「なぜあの人は、成功できたの？」

　そんな嫉妬の感情が湧き上がってきたら**「その人には、公に見せていない部分（陰）が必ずある」**と思ってください。つまり、**プラス（陽）ばかりに見える人であっても、必ずマイナス（陰）の部分が存在するということ。公に見せていない陰の部分を認識したとき、その人に対しての陰陽のバランスが取れ、嫉妬心が消えていきます。**

　次のように考えてみましょう。

【他人の陰陽のバランスを取る例】

①「あの人は売れっ子芸能人だけど、苦しい下積み時代がきっとあったはずだ」
②「あの人気モデルは華々しく見えるけど、何年間もストイックな食生活で頑張り続けているんだろう」
③「あの有名社長はチャラいイメージで売れているけど、実際は人の何倍も努力して事

業を大きくしてきたに違いない」

④「あのタレントはCMに引っ張りだこで羨ましいけれど、スキャンダルを起こさないよう、さぞかし人目を気にしながら暮らしているんだろうな」

⑤「出世コースに乗ったあの先輩は、もしかすると陰で努力を重ねていたのかも……」

いかがでしょうか？　これも「正負の法則」の考え方の1つです。

「現在の成功」が「プラス」だとしたら、そこに至るまでの「忍耐」「努力」「頑張り」などは（本人が大変な思いをしている、という意味で）「マイナス」だからです。

反対に、現在成功（プラス）をしている人が、将来的に大きな負債（マイナス）を抱えたり、転落（マイナス）したりするケースはよく耳にするでしょう。

【「正負の法則」を当てはめる例】

①「苦しい下積み時代があったから（マイナス）、売れっ子芸能人になれた（プラス）」

②「ストイックな食生活を続けたから（マイナス）、人気モデルになれた（プラス）」

③「人の何倍も努力したから（マイナス）、事業を大きくして有名社長にもなれた（プラス）」

④「スキャンダルを起こさないよう人目を気にしながら暮らしてきたから（マイナス）、CMに起用され続けている（プラス）」

⑤「陰で努力を重ねたから（マイナス）、出世コースに乗れた（プラス）」

このように「成功の陰の努力」をイメージする癖を身につけると、人を羨むことなんてゼロになります。むしろ、成功者を見れば尊敬の念すら湧いてくるかもしれません。

また「なぜ私は成功できないのか」と自分を責めることもなくなりますし、**「私はいつになったら成功できるのか」**と将来に対する不安に襲われることもなくなります。

厳しく聞こえるかもしれませんが「私だけが不幸」「私だけがうまくいかない」という思考に陥ってしまうのは、自分を**「被害者」「かわいそうな人」**に仕立て上げて、**心のバランスを自ら取っているだけ**なのです。**つまり、無意識のうちに、自分にとってメリットがあると思って、自分自身を被害者にしているだけです。**

それでは、いつまで経っても願望実現のための行動なんてできないことは想像できると思います。

願望実現を目指して、自分の無意識を効率良く使うために、「正負の法則」を上手に活用していきませんか。

「お金の悩みが消えた！」とっておきの考え方とは？

「あなたの不安は何ですか？」とアンケートを取ると、ダントツで多い答えの1つが「お金にまつわる不安」です。どうすれば、お金に対する不安をうまく手放せるのでしょうか。

最強の解決策は**「お金を実際に豊かに得られるようになること」**でしょう。

なのでここでは「お金を豊かに得られる方法」について、お伝えしていきます。

お金についてのネガティブなブロックを外す

まずは**「お金に対する悪いイメージ」**を意識的に変えていきましょう。あなたは幼い頃、周囲から**「お金＝汚いもの（恥ずかしいもの）」**と刷り込まれませんでしたか？　**ちなみに、うちの家庭はそうでした。**

「お金はいろんな人が触って汚いから、なるべく触らないように。触った後は手を洗おうね」
「またお金の話？　お金については、あんまり口に出すもんじゃないよ」
「あんな大豪邸に住んで。悪いことでもしなきゃ、普通はあんなに稼げないよね」

もしかすると、あなたは今でもこう思っているかもしれません。それなら今すぐ、**お金に対しての洗脳を解きましょう。**心のどこかに「お金＝汚いもの」という思い込みがある限り、お金があなたに集まってきてくれることはありません。これは、お金の気持ちになってみるとよくわかります。

【お金の気持ち】
「この人は、私のことを汚いもの、恥ずかしいものという風に思っているんだ。あまり好かれていないなら、大切にされないだろう。**この人の手元に長く留まるのはやめよう。仲間のお金を連れてくるのもやめよう**」

「以心伝心」という言葉もあるように、あなたの無意識は、お金にも伝わります。なの

お金の気持ち

で、お金に嫌われたとしても当然の結果なのです。

「お金さん、大好き！」「お金さん、ありがとう！」「お金さん、仲間を連れてきてね！」

このように口に出したり、思ったりするところから、お金に対しての付き合い方を変えていきましょう。

実際、**「お金がたくさんあれば、幸せになれる」**というのは事実。その根拠をお伝えしていきますね。

世の中に「買えないもの」は確かにあります。例えば、代表的なものと言えば「愛情」でしょう。でも、お金がたくさんあれば、快適に過ごせたり、楽になったり、疲れずに済んだり、喧嘩をせずに済んだりもするわけです。

お金が多くあることで叶うことの例

①広い家に住める
②家事を最新家電に頼れる
③タクシーでいつでも移動できる
④好きな人と好きなときに好きなところに旅行できる
⑤趣味に没頭できる

まだまだたくさんあるでしょう。

大事なのはここからです。僕たちはお金の恩恵を受けることで、いったい何を得ようとしているのでしょうか？　少し考えてみてください。

……僕の答えは、**心地よい「感情」です。**

人はお金を使うことで、心地よい幸せな感情を味わいたいのです。

お金を使うことで得られる感情の例

①広い家に住める→開放感ある空間で、身も心もリラックスできる。理想の家に住むことにより、**充足感**が生まれる。**（気持ちいい！　最高！）**

②家事を最新家電に頼れる→家事にかかる時間や体力を大幅に削減できるため、その分やりたいことができるようになる。**（楽だし好きなことができて最高！）**

③タクシーでいつでも移動できる→徒歩によりかかる体力や、交通機関で移動するために使われる脳のリソースを削減できる。タクシーの中で仕事など、他のことに時間を使うことができる。**（移動時間も快適で最高！）**

④好きな人と好きなときに好きなところに旅行できる→いつでも行ける**安心感、生きがいを心から感じる。（楽しい！　嬉しい！　生きてて良かった！）**

⑤趣味に没頭できる→自分だけの時間を心ゆくまで楽しむことができる。**（楽しい！　充足感）**

究極のところ、僕たちが「お金を得たい」と言っているのは、このような、**開放感、優越感、充実感、充足感、満足感、快適感、幸福感など、最後に必ず「感」のつく「幸せな感情を味わいたいからなんだ！」**、ということが見えてきませんか？

たとえお金だけ何兆円も持っていたとしても「幸せな感情」を味わうことができなければ、お金を持っている意味がないと思いませんか？

実際そのように幸福感を味わえないお金持ちはたくさん存在します。なので、改めてこの気持ちもまた、**僕の充足感をあなたがリアルタイムで「今」与えてくれているのです。**

この本に出合ってくださった「あなた」に感謝です。

心からありがとう。

そう考えると、**「お金」を超越したところに存在する価値**に気づきませんか？

どれだけ大金を使えるとしても、僕たちが本当に求めているのは**「感情」**。

だとすれば、現在あまりお金がないとしても、今現在、得ることのできている「感情」にフォーカスをすることで、幸せな感情を今よりもたくさん味わえる気がしませんか？　**大切なことなので、もう一度お伝えしますが、何か新しく取り入れる必要があるのではなく、今現在すでに目の前にある感情に目を向けるだけで良いのです。**

大好きな人とハワイに旅行できたら、それは素晴らしいことでしょう。ですが、たとえ国内の海だとしても、その人と同じ時間を共有することができたら……。本質的には「同じ」ではないでしょうか？

大切なのは「大好きな人と一緒に海を見て時間を共有し、共に幸せな感情を味わうこと」だと僕は思っています。

もっと言えば、**どこにも出かけないとしても、ただ大好きな人と一緒にいるだけで、それ以上に幸せな空間は本質的にはないはずです。「お金」という現代における最強の兵器に惑わされて、「ラグジュアリー感やブランド」に踊らされていては、無意識を活性化させることも難しくなってきます。**

つまり**「お金」とは幸せになるための手段にすぎません。**僕たちが本当にほしいのは、

お金の本質

体験からくる「感情」です。

お金の悩みがなくなる究極の考え方とは、**「お金とは幻想である」と考え、今この瞬間に得られている感情そのものに目を向けることなのです。**

そもそもお金（貨幣経済）の起源とは、今からおよそ3000年前に、美しい宝貝をお金として用いて「ほしいもの」と交換したことが発端だったとされています。「貝＝魚1匹分」などと価値を決めて、ルール化したわけです。そのルールがないところでは「貝」そのものに（経済的な）価値はありません。つまり「とにかくもっともっとお金を得たい」という思いに駆られて苦しんでいる人は「とにかく貝を得たい」と焦っているのと同じだと捉えてみるといいでしょう。**「別に貝そのものがほしいわけじゃない」**と思えてきませんか？

同時に、お金を得た人は「なんらかの対価」としてお金を受け取ったのだと考えてみましょう。

つまり、「ありがとう」という感謝の気持ちを具現化したものがお金なのです。

ということは**「多く稼いでいる人は、多く感謝をされた人」**ということになります。

もし経済的自由を目指すのであれば、あなたも**「多く感謝をされること」**を目標にすることで、より多くのお金を受け取ることができます。

「自分は相手（社会）に対して、何をギブ（与えることが）できるか？」、ここにお金を手にする本質が集約されています。

ですが、結局のところ人がほしいのはお金ではなく「感情」なので、日々の心地よさにフォーカスをすることが大切です。

600万年前から3000年前まで、お金は存在していませんでしたが、感情は普遍的に存在するものですからね。

「時間がない人必見!」これさえ決めればうまくいく

あなたは「忙しい」を口癖にしていませんか?

予定に追われて、あわただしい毎日を送ってはいませんか?

そのような状態が、無意識の活動を鈍らせていることに気づいていますでしょうか。

僕は今まで「忙しい」と口にする多くの人たちに会ってきました。「忙しくて困っている」という悩みは、クライアントから受ける相談の中でもかなり多いです。

「忙しさ」は現代人を象徴していると言えるでしょう。

でも……。厳しく聞こえるかもしれませんが「忙しい」からといって、その人が願望実現に近づけているかというと、残念ながらそうとは限らないのです。

「忙しさと引き換えに、願望実現できるわけではない」という事実は、ぜひ覚えておいてほしいと思います。

なぜなら、**忙しいからといって、願望実現に必要なタスクをこなしているとは限らず、むしろそういうケースは少ないからです。**

逆に言うと、わざわざ予定を詰め込んで忙しくしなくても、願望実現は十分可能です。いや、むしろそのほうが心に余裕が生まれるため、願望実現は早くなります。

ここではそんな**「大切な時間の使い方」**のお話をしてみたいと思います。

大前提として**「時間に追われるほど忙しいこと」**は良くないことと捉えてください。

「夢に向かって突き進んでいるから、タスクがどんどん湧いてくる。忙しいけど楽しい！」

そんな人はそのままで大丈夫です。何を隠そう、僕もそのうちの一人です（笑）。

一方「この忙しさの先に、私の願望実現はあるのだろうか……」と不安になったり、「願望実現とは無関係の忙しさで疲れ果てている……」といったりする状況からは、なるべく早くに抜け出したいものです。

「やるべきこと」（と思い込んでいること）が多い場合、**「それらをこなせなかったらど**

うしよう……」という不安が増大し、脳のリソースが無駄に使われてしまうからです。

「そんなこと言ったって、やるべきことが多すぎるから仕方ないでしょう！」

そんな反論も聞こえてきそうです。

でも実際、僕にも経験があるのですが、自分のやるべきタスクや一日の行動を、一度冷静になって書き出してみると**「今すぐやらなくていいことは意外と多い」**という事実に気づけるはずです。

ここで1つ、一緒にワークをしてみましょう。

本書にペンを使って書き出すだけでできます。

五感をより使うために、スマホやパソコンではなく手書きで行うことをおすすめします。（デジタルではない紙やペンを使うことで、実際に手を動かし、触覚も刺激できるので、脳科学的にもより効果が期待できます）

驚かれるかもしれませんが、**五感を使うと脳のリソースをより節約できます。**また、普段あまり使わない脳の部位の働きが活性化し、ひらめきや気づきを得やすくなります。

やらなくていいことに気づくためのワーク

①朝起きてからの一日の行動をすべて書き出してみる
（できるだけ細かく書き出すことで、この後のワークがより有意義なものになります）

②書き出した中で「やらないこと」の候補に印をつけていく
（できるかどうかはさておき「できればやりたくないこと」「やらなくて済みそうなこと」になるべく多く印をつける　※生きていく上で欠かせないことは残してOK）

③願望実現のための「やらないこと」を探していく
（印をつけた中で、「自分の夢に関係ないこと」「自分の人生の中で優先順位の低いもの」を探し、さらに印をつけていく。「やらなくていいことかどうか」迷ったら、捨てる覚悟があるかどうか、自問自答してみる）

④実現不可能な「やらないこと」は線で消し、実現可能な「やらないこと」だけを残す

図表９　やらなくてもいいことに気づくためのワーク

6:00

7:00

8:00

9:00

10:00

11:00

12:00

13:00

14:00

15:00

16:00

17:00

18:00

19:00

20:00

21:00

22:00

23:00

自分の1日にやっていることを時間ごとに書き出して、
「やらなくていいこと」を見える化しよう!

このような順番でワークをすると、あなただけの**「やらないことリスト」**が完成します。

どんな人でも、「やらないこと」の1つや2つは思い浮かぶはずです。

「やらないこと」を毎日の生活から省いていくと、「なんでもできる時間しかない」という無敵状態になります。

なぜなら、今この瞬間に「やるべきこと」に追いかけられないマインドを手に入れることができたからです。

そんな人は、無意識を自由に使いこなしていた原始人に一歩近づけたことになります。

原始人ほど「やるべきこと」から解き放たれていた人たちはいないでしょう。

もちろん原始人にも「やるべきこと」「木の実を拾って貯めておく」「獲物を捕らえるための武器をそろえておく」などの「やるべきこと」はあったと思います。でも、僕たち現代人が抱え込んでいる「やるべきこと」の多さとは比べものにならないはずです。

これは推測になりますが「今日、木の実があまり採れなかったら、また明日頑張って探せばいいや」くらいの**心にゆとりのある生活**だったのではないでしょうか。もちろん、「いつ獲物を捕まえられるかわからない」、そんな不安はあったとは思いますが。

一方、僕たちは贅沢さえしなければ、大切な命を削って働かなくても、ある程度の衣食住や安心・安全は確保することができます。原始人よりもはるかに恵まれた環境で生きているのにもかかわらず、いったいなぜ原始人以上に「やるべきこと」に追われまくっているのでしょうか。

少し立ち止まって考えると、そんな僕たち現代人の生き方が不思議に思えてきませんか？

僕たちは「より高次の欲求」を満たすため、本来は自動的にモチベーションを高めていけるはずなのに……。

極論に聞こえるかもしれませんが、**多くの人の「やるべきこと」は、9割以上減らせると断言できます。**

つまり、**あなたが自分の夢を叶えるために本当に「やるべきこと」は、今の1割もないということです。**

それにもかかわらず、「やらないこと」がわからないために、あなたは自分の能力を過信しすぎて、自分で自分の首を絞めている状態にあるかもしれません。

これから、そんなあなたを救う、とっておきの方法をお話しします。

具体的にどのように「やらないこと」を増やせばいいのでしょうか。

大前提として**「自分の能力をフルで使おうとしない」**ことです。自分の限界（顕在意識の限界）を知り、**もっと他に甘えてもいい**ということです。

「やらないこと」を増やす方法

①他人の力を借りる
②なんらかのサービスに頼る
③テクノロジー（ChatGPTなど各種ソフト、アプリなど）の力を活用する

この3つです。

これらをうまく活用することで、着実に自分だけの時間をつくり出せます。もちろん、なんでもかんでも「やらなくていい」「捨てたほうがいい」というわけではありません。**判断基準は「宇宙の原則」に則っているかどうか**です。

例えば「健康的な食事をつくること」を捨ててしまうのは、ちょっと違う気がします。健康的な食事で、心身を健やかに保つことは、宇宙の原則に則っているからです。いくら願望実現のためとはいえ、自炊を完全に放棄して「高脂肪で低栄養、添加物まみれのジャンクフードばかり食べている」という生き方はおすすめできません。

代わりに、食事の宅配サービスを一時的に利用するなどはいかがでしょうか？　時間も確保できつつ、なるべく健康的な食事をとることも叶います。正直、僕も仕事で忙しいときはよく使います。

一方で「周りにはしつこく結婚をすすめられるけれど、願望実現のために、結婚についてはしばらく考えない」というような選択は、僕は全然アリだと思います。

なぜなら「結婚をすすめてくる人」というのは〝常識を押し付けてくる存在〟でしかないからです。**ここだけの話、結婚という一夫一妻制もまた、人が勝手につくったルールであり、宇宙の原則とは異なります。宇宙は植物や動物と同じように、自由恋愛を好んでいるからです。**

もしあなたに覚悟がある場合、「やらないことリスト」に「婚活」を入れてもいいわけです。それくらい真剣に、自分の人生の優先順位、つまり時間の使い方について一度考えてみましょう。

もちろん「やらない覚悟」「捨てる覚悟」ができない場合は、「やるべきこと」として取り入れ、意味のある時間を過ごしましょう。

このように、**普段考えないことを、あえて考える作業は、とても大切です。**

この瞬間から、あなたの無意識は活性化し始めているのですから。

なぜ「運が悪いこと」すら「運が良い」のか？

「俺って、いつもツイてないよな」

「私だけ、なんだか運が悪いのよね」


こんな風に、一度でも思ったことがある方に向けて、お話ししたいと思います。

「運が悪い（ツイていない）」といったん感じ始めると、それにばかりフォーカスしてしまい、さらに運の悪い現実を引き寄せます。なぜなら、**脳のフィルター機能であるRASの働きによって、「運が悪い出来事」ばかりを、自分自身で探すようになってしまうから**です。もし「運が悪い」という思いが湧いてしまったらどうすればいいのでしょうか。

もちろん、**理想としては「いやいや、私は運が良いから大丈夫！」とフラットな気持ちで捉えること**です。

ここで重要なのは、根拠もないのに**「私は運が良いから」**と思い込むことです。いったんそう決めてしまうことで、**RASの機能によって「運が良い出来事」ばかりに気づける**ようになります。

そもそも「運が悪い」という思い込みには、ほとんど良いことはありません。「私は運が悪いから、次も良くないことが起こるのではないか……」と、未来への不安につきまとわれるようになってしまうからです。すると、願望実現に向けて無意識が活性化するどころではなくなってしまいます。

「そうは言っても、わかっていても『運が悪い』と思い続けてしまうものですよね」

そんな方にお伝えしたいのが**「原始人の思考を想像してみること」**です。

毎日を生き抜くことに必死だった原始人は「自分は運が悪い」などと悩むこととは無縁だったはずです。ましてや「自分だけ運が悪い」と周りと比べることすらなかったと思いませんか？　理由は単純で、**生きることだけに必死だったから**です。過去や未来に囚われず、「今」に集中していないと、猛獣に襲われたり、食べ物を確保できなくなったり、大怪我をしたりしてしまうからです。

なので、**現代人である僕たちも、それくらい「今」に集中して生きてみませんか？**

それでもまだ「運が悪い」と思い続けてしまう方には、次のようなマインドセットを伝授したいと思います。

「『運が悪い』と感じることのできる自分は、なんて素晴らしいんだ！　だって『運が悪い』と感じるということは、**『反対の運が良い経験もしているから（正負の法則）』**。

さらに、今運が悪いということは、この先は運が良いことしか起こらないはず。傲慢にならず、謙虚に生きていくことができるからこそ、地に足をつけ、大きな失敗をすることはない。運が悪いと自分を卑下できるということは、自分より弱い人の痛みがわかるし、寄り添うこともできる。そう考えると、『運が悪い』と感じられたことすら、ありがたいし素晴らしいことだ！」

どうですか？　**ちょっと引いてしまうくらいポジティブ思考でしたか？（笑）**

でも、僕はこのくらい前向きで、自分勝手な生き方でいいと思っています。

つまり「運が悪い」と捉えてしまったことすら、プラスのことだと解釈してしまうのです。そうすれば、**「これから先は運が良いはず」**と思えるようになり、一気に不安から解放されるでしょう。究極、運のことすら気にしなくなるのです。

ギャンブル好きな人の「運が悪い」というお悩みについて

また、応用編として「ギャンブルをしていて運が悪い」と感じてしまう人に向けてもお話ししておきます。

大前提として知っておいてもらいたいのは**「ギャンブルとは宇宙の原則に反している」**という事実です。なぜなら、「ラクをして儲けたい」というモチベーションで行われる〝賭け事〟は、なんともアンバランスな行為そのものだからです。

その理由を、わかりやすく説明してみますね。

働いて儲けた人と、ギャンブルで儲けた人を比べてみましょう。

働いて儲けた人は、なんらかの「リスク」を負っています。（＝時間や労力、能力などのさまざまなリソースを仕事に割いています）

一方、ギャンブルで儲けた人は「リスク」をほとんど負っていません。もちろん賭け金や費やした時間などのリスクは存在するかもしれませんが、一般的には〝偶然〟によって勝ち、儲けたことになります。

（※偶然も必然のうちに入りますが、書籍5冊分くらい長い話になるので割愛します）

本人が偶然で儲けたと思っている以上「正負の法則」に反します。「頑張ってもいないのに対価を得た」という状態は、おかしなことです。

なので「リスクを負っていないのにお金を手に入れる」ことは、「宇宙の原則」的に言うと「あり得ない」のです。そして、ギャンブルの怖いところは、偶然儲けてしまったその後にとんでもないマイナス（リスク）がやってくることです。こうして**正負の法則も働き、宇宙は常にバランスを取ろうとしている**のです。やはり、**ギャンブルはしないほうが良い**、というのが基本的な考え方です。（「正負の法則」とは「宇宙の原則」の1つです）

決して褒められる行為ではないギャンブルで、負けてばかりいて「運が悪い」と感じるのなら、それは**「ギャンブルなんてやめたほうがいい」**と、目に見えない存在が忠告してくれているようなもの。だからこそ、**ギャンブルで「運が悪い」と感じられることは（ギャンブルから足を洗える可能性が高まるので）最高**なのです。

あなたの周りにもし、ギャンブル依存症の方がいたら、この話を教えてあげてください。

もちろん、**気晴らしにギャンブルをする程度であれば、まったく問題ありません。なぜなら、1つの「娯楽」として楽しんでいるにすぎないからです。**

あなたが知らない能力を引き出す方法

「不安」にはさまざまな種類があります。

「どのような状態になると、不安になるのか」「何を考えたときに、不安になるのか」は、人それぞれでしょう。

ここで取り上げる「不安」は**「自分には能力がない」**という不安です。

本人の自覚している、いないに関わらず、この不安を抱えている人は非常に多いものです。

ただ、その人が置かれている状況によって、心の中での「独り言」が変わってきます。

自分は能力がないから……、

「もっと勉強をしなければいけない」

「もっと情報収集をしなければいけない」
「もっと仕事で成果を上げなければいけない」
「もっと練習しなければいけない」
「もっとうまくならなければいけない」
「もっとお金を稼がなければいけない」

つまり、自分でも気づかないうちに**「不足」（足りない部分）**にフォーカスをしてしまい、**さらなる不足感を自ら招いてしまう**わけです。しかも怖いのが、**無意識のうちに**であることです。

そこからますます不安が湧いてきます。

もちろん理想を言えば、不安を感じることなく、「〇〇をして能力を上げよう」と具体的な計画を立て、伸びしろにフォーカスをすることです。

ですが残念ながら、人の脳はそこまで高性能にできていません。

不安の感情が大きくなると「どうしよう、どうしよう……」「怖い、怖い……」「こんな自分が嫌だ、嫌だ……」という不快感がふくらみすぎて、**前向きに考えることができ**

なくなってしまうのです。

また「自分には能力がない」という不安は無意識下に深く潜んでおり、自分の中で言語化できないことも多いので、いつまで経っても解決策を立てられないことがよくあります。

いずれにしても、**不安を感じることで脳のリソースは減っていくため、願望実現からどんどん遠ざかってしまう**ことになります。

そこでおすすめしたいのが、**自分の「強み」（長所）にしっかりと目を向けること。**

「まだ強みが見つかっていない人」は、本書で一緒に探していきましょう。

このお話をすると、必ずと言っていいほど次のような質問をいただきます。

「私には何も能力がないんですけど、どうしたらいいですか？」

これは自信を持って言えますが、**「能力がない人」なんてこの世にいません。**

本人が自分の能力にまだ気づけていないだけです。あるいは、今まで真剣に探したことがなかっただけです。**ここから一緒に見つけていきますので、安心してくださいね！**

それでは今から「自分の長所や強みを探るワーク」をお伝えしますので、楽しみながら取り組んでみてください！

ここで気持ちを切り替えて**「強みを探そう」と自分のスイッチを入れるとＲＡＳが発動して、あなたが秘めている能力、強みを探り当ててくれます。**

また、「これは能力と言えるほどのものじゃないな」と思えても、ＲＡＳの働きにより、その能力がどんどんブラッシュアップされ、開花しやすくなります。

なので、**まずは〝能力の芽〟のようなものに気づくことがとても重要です。**

では始めていきましょう。ペンを用意して、次の問いに直感で答えていきましょう。頭に思い浮かんだことを箇条書きで書き出していくだけでＯＫです。たくさん思い浮かんだら、そのまたくさん書いてくださいね。

自分の長所や強みを探るワーク・問題編

①今までに最も時間をかけてきたことは何ですか？
②今までに最も労力をかけてきたことは何ですか？

③今までに最もお金をかけてきたことは何ですか？
④人から「あなたは、これが上手だね」と言われたことは何ですか？
⑤人から「あなたは、これが得意だね」と言われたことは何ですか？
⑥今までに、人から叱られたり止められたりするほど、あなたが没頭したことは何ですか？

イメージしやすいように、回答例を1つ挙げておきましょう。僕の知り合いの編集者のAさんにこのワークをやってもらったところ、次のように書いてくれました。

自分の長所や強みを探るワーク・回答例

①今までに最も時間をかけてきたことは何ですか？

・本を読むこと
・本屋を巡って新刊書をチェックすること
・ネット上で「どんな本が人気なのか」「どんな本が話題になっているか」「どんな本が売れているか」情報収集をすること

図表10　自分の長所や強みを探るワーク

①今までに最も時間をかけてきたことは何ですか?

②今までに最も労力をかけてきたことは何ですか?

③今までに最もお金をかけてきたことは何ですか?

④人から「あなたは、これが上手だね」と言われたことは何ですか?

⑤人から「あなたは、これが得意だね」と言われたことは何ですか?

⑥今までに、人から叱られたり止められたりするほど、あなたが没頭したことは何ですか?

②今までに最も労力をかけてきたことは何ですか？

・1冊1冊を丁寧につくること
・面白そうな著者さんを探すこと

③今までに最もお金をかけてきたことは何ですか？

・1番目は、本を買うこと
・2番目は、喫茶店で本を読むこと

（人におすすめできる、静かで素敵な喫茶店を最低でも20か所は知っている）

④人から「あなたは、これが上手だね」と言われたことは何ですか？

・初対面の人と、すぐに打ち解けて、話を聞き出すのが上手
・人が、本当は何を伝えたいのかを察知するのが上手
・人が何に困っているのかを察知するのが上手

⑤人から「あなたは、これが得意だね」と言われたことは何ですか？

・本ができるまでの流れをわかりやすく説明するのが得意

・会議でプレゼンするときの説明が得意

⑥今までに、人から叱られたり止められたりするほど、あなたが没頭したことは何ですか？

・中学生の頃から「台所が片付かないから、ご飯を早く食べてしまいなさい」と母に叱られるほど、歴史小説に没頭していた
・「そんなにたくさん借りて持って帰れるの？」と司書さんに心配されるほど、大量の本を図書館から借りていた
・学生時代は、神保町によく通っていた
（店主と顔なじみの行きつけの古書店が10か所以上ある）

いかがでしょう。このように**「自分しかわからない、私的な思い出」**で構いません。できるだけ昔にさかのぼって思い出してみてほしいと思います。

このワークに取り組んでくれたAさんは、現在編集者として活躍中で、華麗なキャリアを更新中です。

でも、おそらく学生時代にこのワークをやってもらったとしても（一部の回答をのぞいて）きっと同じような回答になったと思います。またこのワークを見れば、ご本人の適性が手に取るように伝わってきて「Aさんが出版社に就職したこと」も当然の結果だと思えますよね。

つまり**このワークは、強みを見つけるだけでなく、使命と出合うこともできる、非常に有効なワークなのです。**

実際、僕のクライアントにもこのワークをよくやってもらっています。

大事なのは、**自分の心に正直に、飾らず素直に書くこと**です。

例えばクライアントのBさんに、このワークをやってもらったところ、ご自身の「苦しかった経験」がたくさん書かれていました。褒められた経験はなかった、と言っても過言ではないくらいです。

ただ、自分の心と向き合って、苦労しながら文字にしたことで、Bさんは大きな気づきを得ることができました。

「私は10～20代に、とてもしんどい時期を過ごした。仕事にも人間関係にも恵まれず大変だった。でも、『より良く生きていきたい』と願うことで、学びを深め、目に見えない力や『宇宙の原則』について知ることができた。すると、仕事や人間関係の問題も改善した。『宇宙の原則』についての知識は、誰にも負けないと思う。だから、今度はそれを発信していく側に回って、困っている人のお役に立ちたい」

現在のBさんは、ネットを駆使して情報を発信する活動を続けられています。

自分が経験したことや体得したことを周りに与え、学びの循環を起こしているわけです。

このように**「自分が得たもの」を世の中に還元していくことは非常に大事です。**

Bさんにとっての願望実現（自己実現）が、そのまま世の中の役に立っているとは、なんとも素晴らしいことだと思いませんか？

このような成功モデルも元をたどればBさんの**「自分には能力がない」**という不安から生まれたわけですから、**不安こそが、あなたがまだ知らない能力を引き出す〝きっかけ〟**だと僕は信じています。

自分の気づいていない能力に目を向けることが、社会貢献につながる可能性も大きいので、このワークにぜひ取り組んでみてもらえると嬉しいです。

「自分には能力がない」という不安をバネに、自分だけの強みを見つけ、人生を好転させたクライアントさんは他にもたくさんいます。

「整理整頓が得意」と気づき、それを仕事に活かしたCさん。

肺に大きな病気を抱えながらも、**「闘病を通じて学びを得られたことが自分の強み」**と気づき、YouTubeでの発信を楽しんでいる60代のDさん。

「能力がない」という不安を抱えている人にも「強み」は必ず潜んでいます。

本人がその可能性にいつ気づけるか、というだけの話なのです。

「悩めること」は可能性でしかない

前の項目では「能力がない」という不安から「強み」を見つけた人たちの事例をご紹介しました。

「能力がないという不安」は、新たな可能性のきっかけと言えるでしょう。

見方を変えると**「悩めること」は可能性そのもの**とも言えます。

ここでは、そんなあなたの可能性をさらに拡大させる話をしていきます。

「不安」が生まれてくる根幹には「悩む」という行為があります。

もちろん「悩む」ことが100%悪い、というわけではありません。

「悩む」ことにより自分を向上させようと努力をしたり、現状を変えようと頑張ったり、行動するときの原動力にもなったりしてくれるからです。

ですが、「悩む」機会があまりに多すぎるのが現代社会の問題です。

しかも「悩み」の対象が、その人の成長にとって「不要」であることもよくあります。ここだけの話、「悩んでも仕方がないこと」「願望実現とは無関係なこと」に脳のリソースを奪われ、無意識の活性化からどんどん遠ざかっているわけです。

なので、**「その悩みは、本当に悩む価値があるのか」、見極める癖をつけてほしいと思っています。**

そうでないと、大量の「どうでもいい悩み」で人生の貴重な時間を消費してしまいかねません。

ここで改めて、原始人を想像してみましょう。

命の危険と隣り合わせで暮らす彼ら彼女らは「どうでもいい悩み」とは無縁でした。「マズローの欲求5段階説」で言うと①「生理的欲求」②「安全欲求」を満たすことで精一杯だったからです。

また現代でも、同じことが言えます。

戦争や紛争が起こっていたり、貧困にあえいだりしている国の人たちは①「生理的欲求」②「安全欲求」を満たすことで精一杯のはずです。

つまり③**「社会的欲求」④「承認欲求」⑤「自己実現欲求」などが満たされないことで悩んでいる現代の日本に住む人は、ある意味〝幸せ〟**なのです。

〝衣食住〟が担保され、最低限の生活が保障されているのに、なぜ悩んでしまうのか。

それは個人の問題というよりも、**社会的な構造にも問題がある**と僕は考えています。

なぜなら、**〝悩みの種〟が世の中によってちりばめられているからです。**

「あなたもこの問題について悩んでおくべきですよ」と言わんばかりに**〝悩みのテンプレート〟**が大量に、いたるところから発信されています。

世にあふれる〝悩みのテンプレート〟の例

①「老後の資金として2000万円が必要です。あなたは大丈夫ですか?」(ニュース)

②「スリムな体形でないとモテないし、誰からも相手にされませんよ。あなたは大丈夫ですか?」(CM)

③「素敵なパートナーと結婚して、広い家に住まないと、人生の勝ち組とは言えません。あなたもそんなゴールを目指すべきでしょう?」(映画やドラマなどのコンテンツ)

あなたは正直どう思いますか？

これらの悩みの種を解消しておくと、確かにある程度の安心感は得られるかもしれません。

でも、①〜③すべての悩みを解消した人すべてが「幸せ」かというと、決してそうではないと思いませんか？

たとえ豪邸に素敵なパートナーと住み、スリムな体型をキープしている資産家でも、「自分の本当の夢」を叶えられずに悩んでいる人を、僕は今まで何人も見てきました。

稼いでも稼いでも、満たされない……。社員を増やしても増やしても、まだ足りない……。目指しているスリーサイズになったと思ったら、今度はまた別の悩みが……。せっかく理想のパートナーと巡り合ったかと思いきや……。悩みは尽きることはありません。

反対に、現時点で悩みを解消できていなくても「幸せで充実した人生だ」と言い切れる人もたくさんいます。

なので、これら〝悩みのテンプレート〟を目にしたとき、「どうしよう……」と、反射的に受け入れてしまうのではなく、**「私は私の方法で人生を充実させていくから大丈夫」と受け流せる柔軟性が、今の社会には必要なのではないでしょうか？**（なんか、政治家っぽくてすみません。（笑））

「この世の中は、システムとして〝悩みのテンプレート〟を押し付けてくるのだ」と、〝一種の洗脳〟だと見抜き、それらに流されない。

たとえ〝悩みのテンプレート〟に出合ったとしても、「いつものが来た」とひょいと避けてしまってOKです。

また、余計な悩みに無意識が流されないよう、**定期的に「今の悩み」を書き出してみるのもおすすめです。書き出すことで客観視することができ、落ち着いて物事を考えられるようになります。**

（※本書で紹介しているワークは、すべて手書きで行いましょう）

書き出すことにより「この悩みは〝テンプレート〟の影響を受けているだけだから手放せる！」などと気づけるようになります。

そして**「どうしてこのような現状になってしまっているのか」と悩むのではなく「本当はこうなりたい」という願望（理想）にフォーカスして、今できることを探していくのです。**なんなら、**心のスペースをつくるために、何もしなくたっていいのです。**

すると、その願望実現のためにどのような行動を取ればいいのかが自然と見えてきます。**無意識が「それを本気で達成させよう！」として（RASが発動して）、解決策が自動的に浮かんでくる**ようになるからです。

例えば僕のクライアントのEさんは「なぜこんなに小さい家に住んでいるのだろう」とお悩みでした。

そこで、問いかけを重ねていきました。そのときのやりとりを再現してみましょう。

「本当はこうなりたい」という願望にフォーカスしていく例

BAZZI「Eさんは、今の家が小さいことに悩んでいるわけですね？」

Eさん「はい、僕はもっと広いところになぜ住めないんだろうと悩んでいます」

BAZZI「そんなときは、『**なぜ**』**ではなく**『**どうすれば**』という思考で考えると解決しやすいですよ。例えば、どうすれば『家が小さい』と悩まないようになるでしょうか？」

Eさん「今よりちょっと広くなるだけでも、悩まなくなると思います」

BAZZI「家賃で言うと、どれくらいアップした物件なら、悩まないようになるでしょう？」

Eさん「うーん、5万円くらいですかね」

BAZZI「じゃあその5万円を捻出する方法を考えてみましょうか。2つ選択肢がありますが、『5万円多く稼ぐ』か『5万円節約する』かのどちらにしますか？」

Eさん「えぇー！　5万円多く稼ぐか、節約するか……。それは厳しいな。BAZZI先生、やっぱり、今の家のままでいいです。**実は僕、そこまで真剣に悩んでないです**」

BAZZI「やはりそうでしたか！　最初からそうじゃないかと思っていました」

Eさん「BAZZI先生と話して、自分が本気で悩んでいなかったと気づけました。今のままでも十分幸せです！　ありがとうございました！」

（いやいや、本気で悩んでいなかったんかい！（笑））

このように、**本気で解決しようと考えてみることで「真剣に悩んでいない」「本気で悩んでいない」と気づけることがよくあります。**

そんな**「ニセの悩み」**は脳からどんどん外しましょう。

「ニセの悩み」を手放していくと、脳のリソースを節約できます。無意識の空きスペースも増やせます。良いことしかありません。

根本的な話をすると、「ニセの悩み」が湧いてこないように、**自分が取り入れる情報を厳選すること**も大切です。そのテーマについては、次の第4章で詳しくお話しいたしますね。

さて、話をEさんのお悩みに戻しましょう。

もし彼が、家の狭さに本気で悩んでいたとします。そして「5万円多く稼ぐか、節約するか」を真剣に考えたら、無意識でその方法を見つけ、理想の広い家を手に入れられるはずです。**なぜならEさんの中での優先順位が上がり、RASがより研ぎ澄まされるからです。**

だからこそ、本当の「悩み」に向き合い、本気で「悩むこと」には可能性しかないのです。つまり「悩むこと」で不安に駆られるのではなく、「悩み」をバネに願望実現のきっかけを手にするのです。

それが成功の鍵です。

「パーキンソンの法則」とは何か？

「いつも時間がない」「いつもお金がない」

このように「〝足りない〟という不足感で常に不安」という方は多いものです。

さらに言うと、こんな経験はありませんか？

「納期までに時間があるから余裕だと思っていたのに、なぜか納期ギリギリになってしまった……」

「臨時収入があったから余裕だと思っていたのに、なぜか給料日前にカツカツになってしまった……」

これは**「利用可能なリソース（資源）を、あるだけ使ってしまう」**という人間の性質のせいです。なので、**あなたが悪いわけではありません。**どんなに優秀な人でも「余裕が生まれると、つい非合理的な行動をしてしまいがち」というわけです。

このような性質に、イギリスの歴史学者・政治学者であるシリル・ノースコート・パーキンソンは「パーキンソンの法則」という名前をつけました。

この法則を逆手に取れば、どのような状態のときでも、「不足感」による不安からは解放されます。

「パーキンソンの法則」は、2つの法則から成り立っています。

それぞれ詳しく見ていきましょう。

パーキンソン　第一法則

「仕事の量は、完成のために与えられた時間をすべて使い切るようにふくらんでいく」

第一法則は、**時間にまつわるもの**です。わかりやすく具体例を挙げてみましょう。

・本来は1時間で終わる仕事なのに、3時間

図表11　パーキンソンの法則

の猶予があると、３時間を費やしてしまう。

・本来は２日で終わる仕事なのに、２週間の猶予があると締切の２日前まで後回しにしてしまう。結局、締切ギリギリに仕上げることになり、焦りながら「やっつけ仕事」で適当に終わらせてしまう。

つまり、**手持ちの時間が多くあるからといって、効率性が確実に上がるというわけではないのです。**また、手持ちの時間が多くあるからといって、インプットの質を確実に上げられるわけでもないのです。

この法則は、イギリスの行政組織で、仕事の量や難易度に関係なく、公務員の人数が一定の割合で増加し続けることから発見されたそうです。面白いですよね。

パーキンソン　第二法則

「支出の額は、収入の額に達するまでふくらんでいく」

第二法則は、**お金にまつわるもの**です。

わかりやすく具体例を挙げてみましょう。

・遺産相続で臨時収入が転がり込んできたせいで高級ブランド品を買い込み、金銭感覚が狂ってしまった。結局、クレジットカードの返済額が前より大幅に増えてしまった。

・会社全体では収益が増えたのに、その分を新規設備などに投資してしまい、結局その効果がわからないまま経費が増えてしまった。

つまり、個人にせよ組織にせよ、**使えるお金が増えると上限まで使い切ってしまう傾向がある**のです。「感覚がおかしくなってしまい、節約や貯蓄をするどころではなくなる」というニュアンスです。宝くじの高額当選者の多くが、最終的に自己破産してしまうのもこのためです。恐ろしいですよね。

この法則も、イギリスの行政組織で毎年予算がすべて使い切られ、結果的に税金の負担が増えていくことから発見されたといいます。

ここまでをまとめると、**「人は何も対策をしなければ、手持ちのお金や時間をすべて使**

ってしまう」ということです。だからこそ、この「パーキンソンの法則」を知っておくことで、さまざまな対策を取ることができると思いませんか？

例えば、時間について言うと**「期日ギリギリ」に終わらせるのではなく「○日前に仕上げること（提出すること）」を自分で決めておく。**

受け取った側からの評価が上がるのは間違いありません。

そうすることで、「あの人はいつも余裕を持ってやってくれる」と評価が高まると、より気持ち良く、より質の高い仕事ができるようになります。**無意識も喜び、さらに活性化していきます。**

また、お金について言うと**「使える分」から「貯蓄に回す分（願望実現のために使う分）」を先に引いておく**のです。これはいわゆる「給与天引き」の考え方と似ています。

「給与天引き」とは、雇用者が、労働者に支払う給与から税金や社会保険料などを事前に差し引いた上で支払うことです。

つまり「余裕の有無」に関わらず、給与が支払われたら一定額を銀行の自動引き落としによって貯蓄するようにしたり、自分で別の口座に移したりなどすれば良いのです。

「そんなことをしたら、いつもの生活費が減っちゃうじゃないですか！」

こんな声が聞こえてきそうですね。

でも安心してください。人は不思議なもので**「限度」があると、その中で「なんとかやり遂げられる」ようにできています。**

人は「利用可能なリソース（資源）を、あるだけ使ってしまう」一方で**「利用可能なリソースの中でやりくりができる」**ようにできているからです。**これもまたパーキンソンの法則の特徴と言えます。**

例えば毎月30万円の手取りがあるとしましょう。
「生活にちょっと余裕があるから毎日のようにカフェに寄ったり、好きなものを値札を見ずに買ったり、ちょっと贅沢しているなぁ……」
そう感じたら「毎月5万円を貯蓄に回す」と決めて、給与が振り込まれる口座とは別の口座に貯めていくのです。（もちろん単に「貯め込む」だけでなく「自分で勉強をして投資を始めるための資金にしよう」などと目標を立てるのもおすすめです）
つまり、**毎月の生活費を30万円から25万円に強制的に圧縮する**のです。すると「25万円」で絶対にやりくりができるようになります。「ない袖は振れない」わけですから、浪費をせずに済みますし、暮らしを自動的にダウンサイジングできます。

実は、僕自身もこの方法を使って「将来のための資産形成」をいくつか実践しています。自分で貯蓄や投資をするのは面倒だったり忘れたりしがちですが、毎月天引きなら絶対に忘れることなく、かつラクだからです。

このように、パーキンソンの法則を逆手に取れば、時間やお金が「〝足りない〟という不足感」から解放されます。

不足感から解放されることで、より自分がやりたいこと、叶えたい夢に無意識のリソースをさらに割くことができるようになるのです。

「今の体形がベスト」と考える

ここでは、お悩みの中でもベスト3に常にランクインしている定番のお悩み「体形」について考えていきましょう。

鍛え上げられたボディービルダーであれ、非の打ちどころがないように見える〝健やか美ボディー〟の持ち主であれ「自分の体形にこっそり悩んでいる」ことは珍しくありません。

中でも多いのは次のようなお悩みです。

①「痩せたい（けれどダイエットが続かない）」
②「筋肉を鍛えたい（けれど筋トレが続かない）」
③「胸を大きくしたい」
④「背が高くなりたい」

このように体形について悩んでいる方が、非常に多いのが現状です。

「異性を振り向かせるために、もっと痩せなければ……」

「ぽっこりお腹を卒業して、筋肉をつけないと……」


そんな**悩みを抱えているせいで、脳のリソースを大幅に浪費しているわけ**です。

その結果、本当の願望実現のために無意識を使えなくなっている……。

非常にもったいない話です。

ここで僕から、にわかには信じがたいメッセージを送ります。

それは、

「今の体形こそ、私にとってのベスト体形」

これが僕からあなたに贈りたい言葉です。


「そんな！　今の体形がベストなわけない！　ふざけてるんですか？」

そんな声が聞こえてきそうですが、ちょっと冷静になって考えてみましょう。

特に①、②の「続かない」というお悩みを持つ方にこそ考えてほしいのは**「ダイエッ**

トを続けなかったから」「筋トレを続けなかったから」今の体形なのだということです。

そして**「今の体形だからこそ、今のあなたの生活ができている」**ということです。

言い方を変えれば、**「今の体形でしか得られない『良いこと』がある」**ということです。

その事実を、しっかりと受け止めることから始まります。

理想の体形を手に入れる代償は、大きすぎる

ここから、より具体的に考えてみましょう。

少し想像していただきたいのですが、例えば①「痩せたい」と悩む人が真剣にダイエットに取り組むとしたら、生活がガラリと変わると思いませんか？

今のように、好きなものを好きなだけ食べることはできなくなるでしょう。

お酒が好きな方の場合、飲酒も難しくなるかもしれません。

大変なのは「食べる量を単純に減らす」だけではない点です。

「健康的に効率良く痩せよう」と思えばカロリー計算をしたり、栄養価を気にしたり、プロテインをとったりなど、頭を使う作業も増えるはずです。

外食を控えるために、自炊する回数だって増えるでしょう。

それに加えて、運動習慣を生活に組み入れる必要もあります。自己流の運動だけで痩せられない場合は、ジムに通ったり、パーソナルトレーナーをつけたりすることも必要になってくるかもしれません。つまり、今とはまったく異なるライフスタイルにシフトしたり、特別な時間やお金をかけたりしなければいけない可能性が出てきます。

そのような負荷を、今のあなたが突然背負い込めるでしょうか？

「BAZZIさん、もうそれ以上追い詰めないでください……（泣）」と思ってしまう方もいるかもしれませんが、もう少しだけ頑張って聞いてください。必ずうまくいきますから。

「今は会社の繁忙期だから、それどころではない」「私は面倒くさがりだから、難しい」、そんな方もいるはずです。それなら、**いったん「今の体形がベスト」と捉えて、まずは心に余裕を持つ**のです。

「痩せなければ、モテない」などと不安に駆られ続けるのではなく**「今の体形だからこそ、今の私の生活ができている」**という、**得られていることに目を向けるマインドセットで過ごすほうが幸福感を味わえるはず**です。

こうすることで、**あなたの脳のリソースをなりたい自分になるために最大限に使えるようになります。**

すると初めて、**「何かをしよう！」という余裕**が出てきます。無意識の出番はここからです。合言葉は、**「できるところからやる！」です。**

自分の可能性にフォーカスをして、できることを積み重ねる

無意識の特性上、一気に大きなことを成し遂げようとすると、抵抗が生まれます。

なので大切なのは、**小さな習慣を取り入れながら、グラデーションで理想の体形を目指すこと**です。

シンプルに「自分ができること」を少しずつ着実に積み重ねるのです。

例えば**「腹筋を1回」「腕立て伏せを1回」**でも構いません。

「1回できたということは、2回目もできる可能性がある」というマインドセットで、できるところから毎日続けてみましょう。

食事制限に取り組む場合も同様です。

「今日は夜の主食の白米の量を減らせた」「今日は具だくさんの味噌汁をつくれた」などの習慣を、1日1つずつから実践すればOKです。

「今日できたということは、明日もできる可能性がある」という前向きなマインドセットで、楽しみながら取り組んでいきましょう。

イメージの力を借りる

極論、**無意識にあなたの理想の姿を刻み込むことができれば、あとは自動的に理想の姿になることができます。**

「そんな魔法のようなことがあるんですか？」

と思ったかもしれませんが、イメージの力を最大限に活かすことができれば、最短で叶います。**実際に僕のクライアントで、一切食事制限も運動もせずに、減量に成功された方は何人もいます。**

まさにこれこそ『無意識の魔力』です。

イメージの力を借りるには、ビジュアライゼーションが効果的です。自分の理想とする姿を、毎日イメージするのです。ビジュアライゼーションが毎日しやすいように、**自分が毎日見る、スマホの待ち受けを「理想の自分」に変えたり、毎日リラックスしているリビングや、トイレ、寝室やお風呂場に「臨場感の高まる写真」を飾るのもおすすめです。**

選ぶ写真の〝たった1つのコツ〟は、写真を見た瞬間に、「うわっ、いいな！　最高じゃん！」と、**心躍るものをチョイスすること**です。写真を見ていないときでも、その情景が浮かんできたら、無意識に着実に浸透している証拠です。

環境の力（人の力）を借りる

特に運動について言えることですが、自力で習慣化をすることはかなり難しいですよね。

なので**「人の力」を借りて強制的に行動できる環境を整えること**が、最も有効です。

例えば、「ジムに通い放題」の契約をしても、続くとは限りません。「仕事が忙しいから」「体調が悪いから」などさまざまな理由をつけて、通わなくなってしまうものです。**かつての僕もそうでした。**

そこでおすすめしたいのがパーソナルトレーナーとのレッスンを予約することです。「行かないと相手に迷惑をかけてしまう」と思うと、自然と長く続けられます。ジムに通う時間が取れなければ「自宅にトレーナーに来てもらうスタイル」や「オンラインでのレッスン」を申し込むこともおすすめです。

実際に僕も理想のボディーを手に入れるために、オンラインパーソナルトレーナーを活用しましたが、三日坊主の僕が一度もサボらずに継続することができました。（笑）

ここまでで①「痩せたい」②「筋肉を鍛えたい」というお悩みの解消法をお伝えしてきました。

では③「胸を大きくしたい」④「背が高くなりたい」というお悩みはどのように解消すればいいのでしょうか？

ダイエットや筋トレなどと違って、本人の努力では解決しにくいのが、この③「胸を大きくしたい」④「背が高くなりたい」というお悩みです。

「今の体形こそ、私にとってのベスト体形」というマインドセットに切り替えられれば理想的なのですが、それが難しい場合、自分自身の心と向き合い、本音を探ることで、今までの思い込みがガラリと変わります。するとするすると「胸」「身長」といった**見た目の問題が不安の源ではない**と気づくことがよくあります。

実際、クライアントさんから相談を受けたとき、僕がどのような会話をしているのか、特別に公開していきます。Fさんとの会話です。

【本音を探る会話の例】

BAZZI「Fさんは身長が低いのが悩みだとおっしゃいますね。なぜ身長が低いことを悩んでいるのですか？」

Fさん「背が低いと、恋愛対象に見てもらえない気がするからです」

BAZZI「なるほど。では、いったい何cmなら恋愛対象に見てもらえると思いますか？」

Fさん「180cmくらいあれば、恋愛対象に見てもらえると思うんですよね。かっこいいだろうなぁ。かなりモテそうな気がします」

BAZZI「じゃあ、1つ聞いてもいいですか？　身長180cmの人は、みなさんかっこいいですか？」

Fさん「え？」

BAZZI「身長180cmの人は、みなさんモテているでしょうか？」

Fさん「そうとも限らないでしょうね。背が高いだけで、無条件にモテるっていうわけじゃないですから。モテるには、他にもいろいろ要因があるはずですよね。性格とか」

BAZZI「じゃあ、別に身長が180cmなくてもいいんじゃないですか？」

Fさん「あ……」

BAZZI「逆に、身長が160cmの人で、モテてる人っていませんか？　かっこいい人っていませんか？」

Fさん「いるいる！　僕の知り合いで160cmくらいなのに、すごくモテてる男がいますよ」

BAZZI「その人は、なぜモテているんでしょうね？」

Fさん「彼はとても気が利いて、誰にでも優しいんですよ。気遣いがすごいんです」

BAZZI「じゃあ、Fさんが今すぐにでもできる、モテる方法って何だと思いますか？」

Fさん「**そうですね。今日から人に対して優しくするとか、気遣いをするとか、自分自身を磨いていけば、よりモテるようになる**と思います」

BAZZI「いいですね！　なかなか自分の力では解消しづらい身長のことで悩むよりも、**今すぐにできる方法を試したほうが、今よりも確実にモテると思いませんか？**」

Fさん「確かに。彼女ができないことを身長のせいにしていちゃダメですね」

右のFさんとの対話は、③「胸を大きくしたい」とお悩みの方にも応用できます。**想像できる通り、胸が大きくなくても魅力的な女性はたくさんいますよね。**

このように、体形や容姿でお悩みの方の心の奥底には、別の本質的なお悩みが隠れていることがあります。

そのことに気づいた途端「今の自分のままでも全然いい」と納得さえしてしまうほどの威力があります。

必ずしも、誰かに対話の相手になってもらう必要はありません。

自分の本当の気持ちを紙に書き出し、自分自身に質問をすることで、今よりも心から豊かになることができます。

体形にまつわる「ニセの悩み」を早く手放し、その奥底にある本質的な悩みに気づき、根本的に解決していきましょう。すると、不安に感じることがなくなり**「本当にやりたいこと」**があふれてくるようになります。

「体調不良はバランスを取ってくれている」と考える

仏教には、人生における苦しみを表す言葉として「生老病死」（生まれる、老いる、病気になる、死ぬ）という言葉があります。

このうちの1つ、「病気」について考えてみましょう。

人として生きている以上「病気」にまつわる不安も多いものです。

①私が病気になったらどうしよう
②大事な人が病気になったらどうしよう
③私が今抱えている病気は、ちゃんと治るのだろうか
④大事な人の病気は、ちゃんと治るのだろうか

さらに突き詰めると、①～④のそれぞれに

「お金（治療費、入院費）はどれくらいかかるのだろうか」

「仕事を休まなくてはいけないのだろうか」

「仕事をやめなくてはいけないのだろうか」

「前と同じ暮らしに戻れるのだろうか」

と、不安は増幅していきます。

このように「病気」のことが気になりだしたら、脳のリソースが大量に使われて無意識の活性化どころではなくなってしまいます。

ここでは、そんな不安を軽減したり解消したりするマインドセットを紹介します。

もちろん、あなたが**「病気の予兆やなんらかの異変に気づき、これから医療機関を受診する予定」あるいは「通院中、治療中」という前提**でお話ししますね。

「治療なんてしなくていい」という話では決してありませんので、ご注意ください。

僕がお伝えしたいのは、**病気と上手に向き合うマインドセット**についてです。

多くの方は、病気についてネガティブな印象を持っているものです。

「なぜ病気になってしまったんだろう」「治療が大変だ」「闘病がつらい」……。

実際、病気になると大変なことは僕もよく知っています。お気持ちはよくわかります。

ですが、そのような捉え方をしていると、気持ちは滅入るばかり。常に不安に満ちた状態になってしまいます。

本来、どのような状態であっても、たとえ病院のベッドの上にいても、無意識は活性化できるはず。なので、病気を〝悪者〟扱いせず、次のようなマインドセットに切り替えることをおすすめします。


「体調不良は身体のバランスを取ってくれている」


これは**「1か所が病気になることで、他のより大事な部位が守られている可能性がある」**という意味です。

例えば、脳死がわかりやすい例でしょう。よく言われることですが、「脳死とは、人体で最も大切な心臓を生かすために、身体が究極の選択をした結果」なのだそうです。

つまり身体は「脳を殺してでも、心臓を生かさなければいけない状況だ」と気づいたからこそ、**苦渋の選択として脳死を選び取っている**わけです。

こうして考えてみると、「なぜ脳死してしまったのか……」と悲観ばかりしてしまう〝沼〟から、少しは抜け出しやすくなるのではないでしょうか。

もし悲観の沼から抜け出せたら、次はこのように捉えてみてはいかがでしょうか。

「病気とは『これ以上悪くならないように、今の自分を変えたほうがいいよ』という身体からのサイン」

このことが本当の意味で腑に落ちると、**今までにない気づき**を得ることができ、無意識的に次のような目標が浮かんでくるでしょう。

病気と向き合うことで得られる気づきや目標の例／「身体」編

・「自分がこの病気になったのは、睡眠時間を削ってまで仕事をしていたせいかもしれない。これからは、働き方を見直して、もっと休んだり、良質な睡眠をとったりするように心がけよう」

・「自分がこの病気になったのは、食生活が乱れていたせいかもしれない。これからは外食を少し減らして、自炊の回数を増やしていこう。おやつもヘルシーなものに変えていこう」

・「自分がこの病気になったのは、どう考えてもお酒の飲みすぎのせいだ。そういえば、お酒以外の楽しみがないのが問題なのかもしれない。新しい趣味を探してみよう」

・「自分がこの病気になったのは、運動不足のせいかもしれない。忙しさを言い訳にしてタクシーばかり乗っていてはいけないな。まずは歩く機会を増やしてみようかな」

このように肉体的なことばかりが原因だとは限りません。メンタル面に問題が潜んでいた可能性も考えてみましょう。

病気と向き合うことで得られる気づきや目標の例／「心」編

・「自分がこの病気になったのは、ストレスのせいかもしれないな。リラックスできる時間を増やして、自分の人生を楽しむことにフォーカスしていこう」

・「リーダーに昇進したのが嬉しくて、頑張りすぎていたのかな。一人で背負い込むのをやめてみよう。上司にもっと相談してみよう。後輩と話す機会も増やしてみよう」

・「自分の人生なのだから、本当に好きなことをしよう。今の仕事をやめて転職しよう」
・「このまま今のパートナーといても疲弊するだけだから、いったん距離を置いてみよう」

このように、**しがらみや常識を捨てて自由な発想をしてみましょう。**

もしかすると「そういえば私は昔から、海の見えるところで暮らしたいんだった」などと**本当の夢に気づけるかもしれません。そこから願望実現が始まっていくなら、それはとてもありがたいことではないでしょうか。**

また「②大事な人が病気になったらどうしよう」「④大事な人の病気は、ちゃんと治るのだろうか」という不安を抱えている方は、この話を「大事な人」と共有してみるのはいかがでしょうか。

そして何よりも、あなたが笑顔でいてあげることです。その笑顔こそが相手を救うのです。

大丈夫、きっとうまくいきますから。

第３章まとめ

- 時間観を「未来」→「現在」→「過去」と捉えることで、過去に囚われなくなり未来を自由に描くことができる
- 正負の法則とは、良いことも悪いことも、すべてを相殺するとゼロになるという法則である
- 今この瞬間に得られている感情に目を向けることで、お金は幻想だと実感でき、お金の不安がなくなる
- 世の中の悩みのテンプレートに踊らされることなく、一種の“洗脳”だと見抜くことが大切
- パーキンソンの法則とは、時間やお金を“あるだけ使ってしまう”という法則である
- 自分の今の状態を受け入れ、イメージの力や他の人の力を借りることで、願望を最短で叶えることができる
- 病気とは、これ以上悪くならないようにという身体からのサインである。

第4章

無意識を使いこなす法②
——「情報過多」の解消

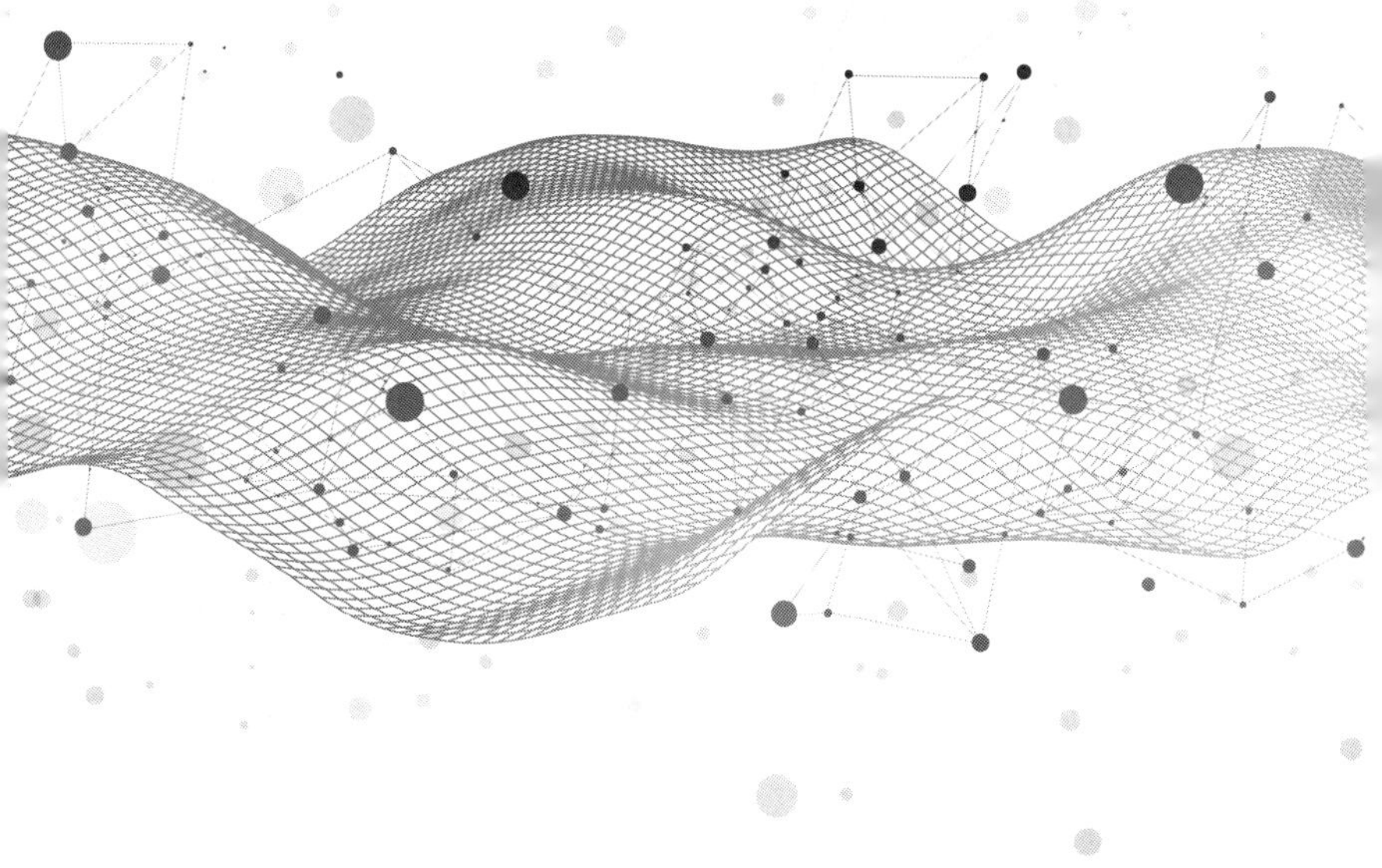

無意識に蓋をしてしまうTVの見方とは？

第4章では、情報過多の具体的な解消法について、ご紹介していきます。
今の世の中には〝情報の洪水〟とも言えるほど、情報があふれかえっています。
このことについては、あなたも実感しているでしょう。

まず認識してほしいのは、どのような種類の情報であっても、それを無意識に浴び続けると、思考停止状態に陥ってしまうという事実です。その仕組みをわかりやすくお伝えします。

脳は、消費エネルギーを節約するために、もはや〝癖〟として**「物事を自動的に処理しよう」**とします。ところが、**大量の情報に接すると「自分はもう何も考えなくて良いんだな」と誤解してしまい、能動的に働くことをやめてしまいます。**

「自分で考えなくて良いんだな」

「自分の意見を持たなくても良いんだな」

「与えられる情報を受け止めて『面白いか面白くないか』を判断するだけでいけそうだ」

つまり、**自力でアウトプットすることをやめてしまう**わけです。すると無意識を活性化させて、願望実現することからはますます遠ざかってしまいます。

誤解しないでほしいのは**「目的を持って、特定の情報を意識的にインプットする」ことは良い**、という点です。

僕が特にお伝えしたいのは、無意識に目的もなく情報を浴びることは危険だ、ということです。


これは原始人と比べてみると、納得いただけるはずです。

原始人だって、情報を探しに行くことは当然あったはずです。

「獲物を捕まえるための情報を探す」

「木の実が豊富にありそうなスポットを探す」

「定住するため、安全そうなスポットを探す」

つまり、生命の維持に必要な〝最小限の情報〟は、取りに行っていたことでしょう。

僕たち現代人も、**取り入れる情報をできるだけ厳選していきたい**ものです。

これは「情報をすべてシャットアウトしてしまおう」という意味ではなく**「自分に必要な情報」を見極めて、うまく取り入れようという**ニュアンスです。

逆に言うと「目的もないのに、『なんだか面白いから』という理由で、情報をダラダラと受け入れ続ける」のは、これを機に見直してみても良いかもしれませんね。

「別に、情報をダラダラと受け入れているわけじゃないんだけど……」

こんな声も聞こえてきそうです。

ただ現代社会では**「今、私は情報を受け入れている」と気づけないレベルで、脳を情報の洪水にさらしていることがよくある**のです。

TVから発信される番組、CM、デジタルデバイスが教えてくれるSNSの通知、ネット上の広告、街の看板や広告……。

もしかすると、これらを「見せられている」と気づいていない方も多いかもしれません。

でも、これらの悪影響は確実に及んでいます。

その証拠に、大企業の名前や、有名ブランドの名前、流行の商品、芸能人の名前……。
それらと直接的な接点がまったくなくても、あなたは**なんとなく、その存在を知っているはず**。それは**TVなどからの影響を受けている証拠**と言えます。

だからといって、あなたが悪いわけでは決してありません。

情報を発信する側は、人間の心理を巧みに読み解くことで「どうすれば認知してもらえるか」「どうすれば人の心に強烈なインパクトを与えられるか」「どうすれば好感度を持ってもらえるか」、そして「どうすれば『これがほしい！』と思ってもらえるか」を熟知しているので、**僕たちが知らない間に洗脳されていたとしても、無理のないこと**です。
なので、この事実を知った今、**意識的に身を守っていくことが大切です。**

大前提としてお伝えしたいのは、TVが発信する情報を過多にしないこと。
そのためにはシンプルに、目的もなくTVは見ない、つけない。それだけのことです。

メディアが発信する情報には特徴がある

なぜTVについて僕がそこまで真剣に話すのか、理由をお伝えしていきますね。

1つ目の理由は、感情が無駄に揺さぶられ、脳のリソースが浪費され、無意識の空きスペースが減ってしまうからです。

あなたもすでにお気づきだと思いますが、TVからはポジティブな情報よりも、ネガティブな情報のほうがはるかに多く発信されています。中には**「その情報を受け取っても、視聴者が状況を変えられるわけではなく、モヤモヤと不安になるだけの内容」**も数多く含まれています。

具体的に挙げてみましょう。

・最近起こった、悲惨な事件・事故・出来事
・最近起こった、かわいそうな事件・事故・出来事
・最近起こった、怖い事件・事故・出来事
・未来に起こるかもしれない、恐ろしい予測
・過去に起こった、つらい話（事件、事故、出来事）
・悲惨だったり、かわいそうだったり、怖かったりする内容のフィクション（ドラマや映画など架空の出来事をまとめたコンテンツ）

ネガティブな映像で不安にさせられている

これらの内容に脳をさらしてしまうと、当然ながら悲しくなったり、自分の未来が不安になったり、わけもなく不安になったり……。気分は沈み、モチベーションは低下してしまいます。

例えば「今日も一日頑張るぞ」とフレッシュな気持ちでいるときに、凶悪犯のニュースが飛び込んできて、数分間、**無意識に見続けてしまったら……**。

「被害者の方は、大丈夫なのだろうか？」
「犯人は逮捕されたのだろうか？」
「自分は今日一日、無事に過ごせるのだろうか……」

このような思考が無意識に渦巻き、自分でより良い選択ができなくなってしまいます。そしてまた、心が無防備になったあなたは、**無意識に意味もなくＴＶを見てしまう……。**これが情報を発信する側の狙いです。

ネガティブな情報に接した際に起こる反応

もちろん、それは生物としては正しい〝反応〟でもあります。

「そのような事件に巻き込まれないように自分も気をつけて行動しよう」と我が身を省みることができるからです。

ですが、**この安全大国である日本で、必要以上に心配することはない**と僕は考えています。なぜなら、必要以上に脳が疲れ果ててしまいます。


毎日のようにそのような報道に脳をさらし続けていると……、

「世の中なんて、どうせ悪い人ばかりだ」

「毎日頑張っていても、嫌なことばかり起こるんだろう」

「こんな悲惨なことばかり起こる、今の世の中ってどうなの？」

「生きていても、むなしく感じるなぁ」

「私の人生なんて、大したことないなぁ」

このように、気づかないうちにネガティブな方面に無意識が引きずられてしまいます。

あなたはどんなことを毎日考えていますか?

シビアに聞こえるかもしれませんが「こんな悲しい出来事が起こったなんて!」と感**情が大きく揺さぶられると、脳が疲弊したり、ネガティブな方向の思考を始めたりするだけ。**

そこから新しい何かや、クリエイティブな発想が生まれるわけではないのです。

そのような状態を、起きている間、十何時間も続けていて果たして良いのでしょうか。

時間も、あなたの可能性も、とてももったいないと思いませんか?

脳は、バーチャルな情報と現実の区別がつかない

2つ目の理由は、バーチャルな現実(仮想現実)で脳が満足してしまい、リアルな現実での行動量が大幅に減ってしまうからです。

そもそもどんな人にも「願望が満たされることで、幸せになりたい」という欲求が備わっているものです。**TVは、その願望を仮想現実の中で満たしてくれます。**

「マズローの欲求5段階説」で言うと、③「社会的欲求」④「承認欲求」⑤「自己実現欲求」に相当する欲求を、手軽に満たしてくれるのです。

TV（主にドラマや映画）を見ているとき、**出演者に感情移入するだけで、視聴者はさまざまな欲求を簡単に満たすことができてしまいます。**

例えば、主人公の恋愛が成就するストーリー、主人公の社会的成功が叶うストーリー。つまり主人公の〝夢〟が叶うことで、視聴者はそれを「まるで自分が実際に体験しているかのような」気持ちになれるわけです。

どんなコンテンツも、紆余曲折を経たり、多少の苦労や困難を経験したりするものの、最終的には大きなカタルシスを得られるようにできています。

計算し尽くされたシナリオに沿ってつくられているわけですから、それは当然のことです。

すると**気持ちが満たされてしまい、リアルの世界で「夢を叶えよう、幸せになろう」とすることを無意識のうちに放棄してしまうのです。恐ろしいですよね。**

もちろん中にはこのようなフィクションから刺激を受けて「俺も今日から頑張るぞ」

「私も主人公の〇〇のように生きていこう」と行動を増やせる人がいるかもしれません。

しかし、そのような高揚感もむなしく、いつも通りの現実に引き戻されてしまうことがほとんどです。

例えば、恋愛ドラマをずっと見ている人たち全員が「私も現実の世界で恋愛をする！」と決意して、行動するわけではないですよね？

もっと言えば、**架空のコンテンツを視聴することが、本人にとっては代償行為になっているケースも多い**のです。

代償行為とは「自分が一番求めるもの（幸せなど）が得られないときに、本質は異なる別のもの（バーチャル）で元の欲求を満たそうとすること」をいいます。

もちろんそれを本人が望んでいるなら良いかもしれません。

でも、現実世界のリアルな幸せと、バーチャルな世界の偽物の幸せ、本人はどちらを求めているのでしょうか。

「現実世界で素敵な恋愛をしたい」と望んでいるのであれば、「一刻も早く、この状況から抜け出したほうがいい」、そう感じませんか？

「知らないの?」というマウントなんて気にしない

「そんなこと言われてもTVで報道されることくらい知っておかないと恥ずかしい……」

そんな反論があるかもしれません。

その心配については、僕自身の経験上で「大丈夫です!」と自信を持ってお答えできます。


自分にとって本当に大事な情報であれば、TVを見なくても、なんらかのルートから入ってくることが多いものです。

例えば、職場で同僚が「最近、こんなニュースがあったよね?」と声をかけられることもあるでしょう。ですが、本当に必要な情報なら、どこかのタイミングであなたの耳にも入るはずです。


また、極論を言うと「その情報を知らないから」という理由であなたを非難したり笑ったりするような人と、付き合いを続ける意味があるかどうか、考えてみてください。

「あの悲惨なニュース、知らないの？　結構話題になったのに」

こんな風に驚かれたとしても、（それがあなたの仕事や専門分野と関連のないことであれば）別に良いのではないでしょうか。

あなたが報道番組のキャスターでもない限り、「TVで報道される情報」すべてを把握するなんて不可能ですし、その必要はないでしょう。

「みんな」が気にしている悲惨なニュースを知ったからといって、そこから何かが生まれることもないですよね。

「知らないの？」と笑う人は、単にマウントを取りたいだけかもしれません。

かわいそうですよね。

まずはあなたから変わりませんか？

ここまでの話をまとめておきましょう。TVを見る際は、目的を決めて視聴をすることがおすすめです。

課金タイプの動画配信サービスを選んで契約するのもアリだと思います。**僕も実際、無**

駄なＣＭを見ないようにするため、いくつかの動画配信サービスに課金しています。

「この番組を、この目的で見る」という主体的な姿勢を無意識に植え付けることができれば理想的です。

間違っても「無音だと寂しいから」などとつけっ放しにはしないこと。

ですが、もし同居している家族が、そのようなライフスタイルであったなら、あまりしつこく相手を批判し続けると関係が悪化してしまうかもしれません。

あなた自身が「ＴＶが流れている部屋」から距離を置くなど、工夫できることはたくさんあります。

間違えても相手を無理やり変えようとしてはいけません。

あなたが変われば、相手の無意識にも届くのですから。

SNSの設定1つで無意識が活性化する方法

もし、**SNSの設定を変えるだけで、無意識が活性化する方法があるとしたら、知りたいですか？　実はものすごくシンプルすぎる方法です。**それは、**「SNSの通知をオフ」にすること**です。

実は、SNSの通知をオフにするだけでも、情報過多の解消に役立ち、無意識をより効果的に活用できるきっかけとなります。

SNSの通知は、「なんとなくのTV視聴」と同様に、**注意力を大きく分散させ、集中力を低下させる要因**となります。**通知が届く度に、脳は過剰に刺激され、結果として注意力が散漫になってしまうからです。**

これも**「マインドレスネス」**の状態で、願望実現のための無意識の活性化を大きく妨げる要因になります。

ご存じの方も多いと思いますが、こうしたデジタルな刺激を意図的に減らすことを**「デジタルデトックス」**と呼びます。**ここでいうデジタルデトックスとは、通知をオフにするだけでなく、不要な電化製品やスマホなどの電源そのものをオフにし、電磁波の対策をすることも含みます。**

デジタルデトックスを実践することで、**脳へのダメージを最小限に抑えることができるので、脳本来の能力を最大限に引き出し、無意識の活性化を促せます。それにより、精神的にも安定し、心身ともに豊かになります。**

なので、SNSの通知をオフにすることは、心身の健康を保つためにも非常に重要なのです。

「でも、SNSの中には大事な通知もあるから、オフにはしにくい」

そんな方におすすめの方法を紹介しておきます。

情報過多を解消しようとするとき、SNSに限った話ではありませんが、大前提として次のように問いかけをすることが大事です。

情報を取捨選択するときの基準

①「その情報は、今すぐ必要なのか？」
②「その情報は、自分の願望実現のために本当に必要なのか？」

このように問いかけると「今すぐ見たい」という気持ちにストップをかけやすくなります。

また**「時間を決めて通知を切る」**のもおすすめです。

「この作業に集中するために30分だけ通知を切ろう」などと、計画的に通知をオフにしてみましょう。もし緊急の連絡が入る可能性があるなら、**「電話の通知だけ残す」**のも良いでしょう。

「今の自分に緊急の連絡は来ないはず」という場合は、**機内モード**にしてあらゆる連絡を一時的に断つのも有効です。

SNSの通知は基本オフ
時間を決めて電源をオフにしたり、機内モード設定しても良い

「でも、SNSを見るのは本当に楽しくてやめられないんです!」

そんな方もいると思うので、その〝危険性〟についてお話ししておきます。

中でも2017年頃から大人気の「TikTok」などのショート動画(短い動画)には、**特に強い依存性**があると認識してほしいと思います。

実はあなたもすでに依存しかけている?

「ショート動画を見るのが楽しい」と感じる方は、人として〝ある意味、正しい反応〟をしています。人には**「感情のアップダウンを経験したい」**という欲求が備わっているからです。**(TVの際にお話ししたバーチ**

ャルな体験のことですね）

また現代のように情報化が進むと、欲求はさらにエスカレートして**「より短い時間でより多くの感情のアップダウンを効率良く経験したい」**と思うようになってしまいます。

わかりやすく言うとYouTubeで数十分の動画を見るよりも、1分前後のショート動画のほうが**「刺激的で気持ちが良い」**と感じるわけです。

では、1分前後のショート動画を見たとき、脳内では何が起こっているのでしょうか。

やや専門的な話になりますが、**強烈に快楽を感じる「ドーパミン」という神経伝達物質が分泌されること**がわかっています。

ここで「ドーパミン」について説明しておきましょう。

「SNSの通知」だけでなく、**あらゆる依存に当てはまる話**です。

ドーパミンの本当の恐ろしさを知っていますか？

ドーパミンとは脳内で分泌される**「快楽物質」**の1つです。

快感や達成感、サプライズなどを味わった瞬間に、報酬として分泌されるシグナルと捉えてください。簡単に言うと「楽しい」などという興奮を感じたときに脳で分泌される物質です。

もちろん、このドーパミンが出るという反応は異常なものではありません。誰にでも普通に起こる一般的な反応です。楽しいことをしたら、当然ドーパミンが出て楽しい気分になります。(他には「エンドルフィン」なども関係していますが、ここではドーパミンにフォーカスしてお話ししますね)

ドーパミンとは、誰の脳でも分泌されるものです。

ですが、**ストレスが強くかかる状況では、脳のドーパミンシステムが異常に活性化してしまいがち**です。そのため、ドーパミンに対して耐性が生まれ**「もっと強い刺激がほ**

図表12　人が依存してしまう仕組み（ストレス、ドーパミン）

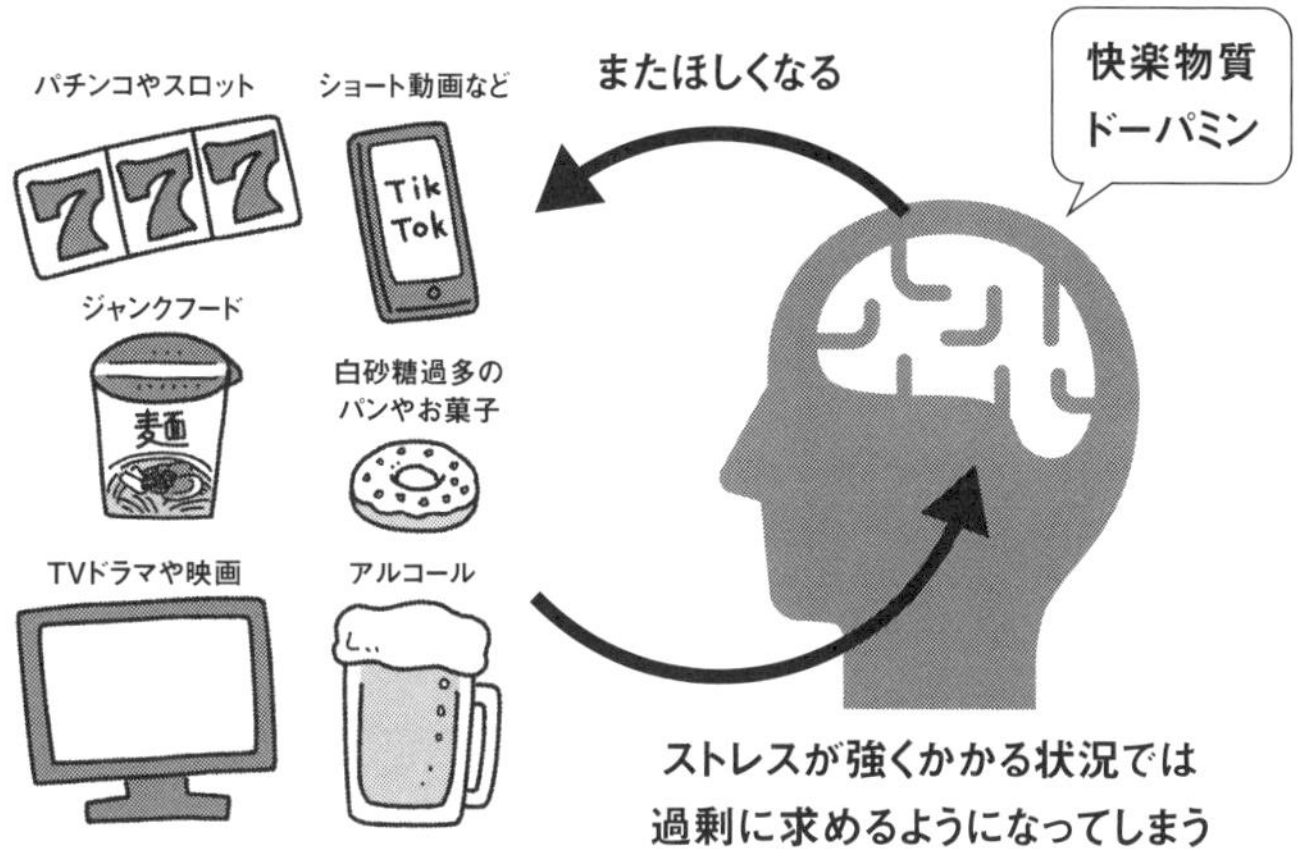

しい」と、**過剰に求めるようになります。**

結果、脳はこの快楽を常に求め続けることになり、同じ行動を何度も繰り返してしまいます。

その欲求を自分自身で抑えられなくなった状態が**「依存症」**です。

わかりやすい例が「ギャンブル依存症」です。

例えばパチンコの場合、玉が出れば快楽物質が出ます。でも、常に玉が出るとは限りません。むしろ玉が出るまで耐える、つまり、**大きなストレス状態に、強制的にさらされ続ける**わけです。

その後にフィーバーすると、**ドーパミンが一気に放出されます。**

その結果、玉が出るまでずっとパチンコ

台に向かい続けてしまいます。

依存症に陥りがちな人には特徴があります。

もともと強いストレスを抱えている人ほど、快楽を求めて依存症になるケースが多いとされています。

（だからこそ、第3章でも前述したように、不安を軽減、解消しておくことが必要になってきます）

反対に、**精神的に安定しているときや、心身ともに満たされているときには依存症になりにくい**と言われています。

つまり、**ショート動画**を目的もなしに見続けてしまう人は、**依存症に陥っている可能性が高い**と言えます。

あるいは、なんらかのストレスや悩み、不安、心配事などを抱えているのかもしれません。

そのせいで**「無意識に流されて見てしまっている」**と捉えるほうが自然でしょう。

このような**ショート動画依存から脱却するには、「これは依存かもしれない」と自分で気づくことが大切**です。おそらく**「目的もなくショート動画を見続けていること＝依存」**と気づいていない方が大半でしょう。

例えば、偶然流れてきた「1分ほどの旅行動画」を見て「行きたい！」と思ってしまう方。**気をつけてください。**数秒ごとにさまざまな楽しそうなアクティビティーの動画を見ている、その瞬間が**「代償行為」**だと気づかなければ、本人は**バーチャル旅行に行ったつもりになってしまい、その旅行は叶いづらくなってしまう**でしょう。

今は誰でも安価で手軽にドーパミンを出せる時代

また、現代はドーパミンを手軽に得られるような時代です。

例えば、お金が絡むところで言うと、ギャンブル全般はそうですね。

また、無料のものもたくさんあります。TikTok、各SNSなど、アプリを通してお金をかけずに快楽物質であるドーパミンを大量に得ることができてしまいます。

他にも（白砂糖過多の）甘い食品の摂取など、**いつでも数百円ぽっちで手軽にドーパミンを得られる、安易な手段**が増えています。

知らない人も多いかもしれませんが、**「糖質依存」**と専門家たちが指摘をするくらい、**糖質にも極めて高い依存症の危険性**があります。
化学調味料などの添加物がたくさん含まれるジャンクフードも同様です。

これらのように、手軽な手段で常にドーパミンを分泌させて快感を得てしまっていると、**自分でも気づかないうちに願望実現のための努力や行動からは遠ざかってしまいます。**

なぜなら、**手軽な手段で得られるドーパミン**と、**行動を重ねて成功したときに得られるドーパミン、どちらも脳内では同じもの**として捉えられるからです。

「手軽に得られるドーパミン」で脳が常に満足していると、そこからわざわざ行動を積み重ねて「大きな願望を実現しよう」とは思わなくなってしまうわけです。**しかも、無意識のうちに……。**

正直な話、せっかくこの本に出合ってくれた**「あなただけ」には、そうなってほしくないと**願っています。

例えば、毎日トレーニングを重ねて理想のボディーを手に入れたら、喜びや達成感でドーパミンが大量に分泌されることでしょう。

ですが、当然それまでには、かなりの時間がかかります。

運動や食事制限など、気にしなければいけないことも増えます。

一方、「甘いもの」「ジャンクフード」を食べただけでも、同じ「ドーパミン」という快楽物質が分泌されます。**つまり満足してしまいます。**

「それなら、理想のボディーなんてどうでもいい」と考える人もいるでしょう。

でもちょっと待ってください。それで本当に良いのでしょうか……？

本当の夢を叶えて、ドーパミンを出そう

ダイエットに限った話ではありません。

「『私は○○になりたい』という夢に向かって地道に行動を重ねるよりも『ギャンブルでお金を稼ぐと楽しい』」

だからといってあなたの本当の夢を諦めてもいいと思いますか？

よく考えてみてほしいのです。

ここで取り上げた「ショート動画」は、バーチャル世界をきっかけに「ドーパミン」の分泌を促すやっかいな要因の1例にすぎません。ですが、どの世代もハマりやすい罠の1つなので、あえて大きく取り上げました。

(念のため補足ですが、目的を持ったり、時間を決めたりして計画的に視聴するのはまったく問題ではありません。僕自身もショート動画での発信は、コミュニケーションの手段の1つとして大事にしています)

ここまでで、SNSの通知、ショート動画に潜むリスクを十分に理解してもらえたのではないでしょうか。

特に「アプリとの付き合い方」について、これを機に根本から見直してみませんか？集中力が大幅に回復し、勉強や仕事の効率が格段にアップ、脳疲労が軽減されて、無意識がより活性化し、願望実現が近づくのは間違いありません。

「ブランドの価値」は自分で決める

あなたは、有名ブランドに興味がありますか？

例えば、誰もが名前を知っているようなハイブランドとして、ルイ・ヴィトン、エルメス、シャネル、グッチ、クリスチャン・ディオール、カルティエなどが挙げられます。

これらのブランドの製品を、もし「無償で差し上げます」と言われたら……。

あなたはどうしますか？

きっと多くの人が喜んで受け取るのではないでしょうか。

もちろんブランドに興味のない人は、そこまでほしくはないかもしれませんが、ネットで転売すれば高値がつくという理由で受け取りたくなるでしょう。

それほど、「ブランドの価値」は多くの人に知られ、僕たちを魅了し続けています。

ただ、そこには1つ問題があります。

特に理由はないのに**「ブランド物だから」**という理由だけで、思考停止してありがたがってはいないでしょうか。あるいは、それを必死に集めてはいませんか。

そのブランドを好む、確固たる理由があれば良いのですが、もしそうではない場合。「みんな持っているから」「ブランド物を持っていると思われたいから」など、**「他人の評価」を気にしてブランド物を集めている**という場合。

ちょっと立ち止まってほしいと思います。

なぜなら、そのように「他人の評価」を気にしてブランド物にこだわる姿勢や態度は、**「自分」が主体ではなく、ただ周りに流されているだけだから。**つまり、思考停止状態を招き、無意識の活性化から遠ざかってしまうからです。

ここでまた、原始人を想像してみてください。

彼ら彼女らは「かっこいいと思われるから」「すごいと尊敬されるから」などという「他人の評価」とは無縁のところで必死に生きていたはずです。

そもそも他人の評価を気にする余裕などなかったでしょう。

幸か不幸か、現代は衣食住を選ぶ余裕があるため「ブランド物を買うことで承認欲求

ブランド物の服を着ている人 ≠ 名声のある人

を満たしたい」という人たちが非常に増えているわけです。

でも冷静に考えてみてください。

「その服のブランド、○○でしょう？　すごいね」と褒められたとしても……。

所詮、それは**お金を出せば、誰でも手に入れられるもの**です。

もっと言うと、「世界的な名声を得ているブランド物」を身につけているからといって、その本人が本当に魅力的かどうかは別問題です。

つまり、ブランド物を身につけているからといって、その人自身の評価が自動的に高まるわけではありません。それなのに「**身につけているブランド物の価値＝自分自身**

の価値」と捉えてしまっている人があまりにも多いと思いませんか？

身につけているブランド物の評価と、自己への評価をイコールで判断するのは、今日で終わりにしませんか？

無意識を活性化するための、「身につけるものを選ぶ基準」があります。

もちろん「ブランド物かどうか」という基準ではありません。

身につけるものを選ぶときの理想的な基準

「着心地が良いことを、**自分は何より重視しているから**」
「機能性に優れ、デザイン性まで高く、**自分が気に入っているから**」
「ハンドクラフトの技術がすごくて、**自分はそれをリスペクトしているから**」
「王室にも愛されるほど高品質で丈夫で、**自分はそれを評価しているから**」
「そのブランドのデザイナーの価値観が、**自分は好きだから**」

このような**「自分軸」の評価**で決めることが好ましいです。

もちろん、自分が気に入っているのであれば、「知名度の低いメーカー」や「ファストファッションのブランド」でも全然ＯＫです。

実際、僕の周りの成功者たちは、このような**「自分軸」**で身につけるものを選んでいます。

例えば「**上下のウェアは着心地の良いユニクロ**で、靴は自分の足の形に合っている**ブランドの靴**」という成功者も多数存在します。

あるいは「より多くの人に影響を与えたいから」という理由で「時計はロレックス一択」という主義の人もいます。実業家、著作家の斎藤一人さんです。

斎藤さんは「銀座まるかん」創設者であり、全国高額納税者番付の常連としてもよく知られています。ファンの間では有名な話ですが、斎藤さんは**「商売人は金のロレックスを買え」**とよく説いていらっしゃいます。

「貧乏そうに見えてしまうと説得力がないから」というのがその理由です。

〝貧乏そうに見えてしまう人〟が一所懸命売り込みをかけている場合、「この人は貧乏だから自分の食い扶持を稼ぐために、こんなに頑張っているんだろう。でもあんまり売れていないから貧乏なのだろう。ということは、この商品はあんまり良くない商品だから売れないのだろう」

相手にそう思われてしまい、商品が売れにくくなるでしょう、というわけです。

ところが金のロレックスをつけている場合、「この人はお金持ちなのに、こんなに熱心にすすめてくれている。儲かっているからそんなに必死にならなくても良いだろうに、ここまで言ってくれるとは。こんな人がすすめる商品なのだから、間違いないだろう」

相手に自動的にそう思われるから、商品が売れやすくなる、というわけです。

つまり斎藤一人さんは「周りに影響力を与えられるから」という**明確な理由で**、演出として「腕時計にはロレックスがいい」とすすめているのです。

確かにロレックスには「パッと見ただけでわかる」という特徴があります。

誤解してほしくないのですが、ここでお伝えしたいメッセージは「腕時計を買うならロレックスがいいよ」ということではありません。

「斎藤一人さんは、**自分の頭で考えた結果、『ビジネスをするなら、演出として、ロレックスの腕時計をするのがいい』という結論に至った**」ということです。

世の中の常識や周りの人たちに流され、無意識のうちに「みんなに褒められるからエルメス」などと、思考停止でブランドを選ぶのではなく、前頭葉をフル稼働させて**自分で決める**ことが大切なのです。

このように自分が主体になることで、マインドフルネスの状態にまた一歩近づきます。

ブランド依存症になってはいませんか？

また、脅すわけではありませんが、**ブランド物だけを闇雲に追い続ける姿勢や態度は、依存症に陥りやすい**ものです。

定期的に発売される「新作」を買い続けるために、借金をふくらませてしまったり……。

「金回りのいい誰かにプレゼントしてもらおう」という発想になってしまったり……。

他人にもっと認められたいという思いで毎回ブランド物を買っていたり……。

そんな**「他人軸でのブランド至上主義者」になってしまっては、いつまで経っても本当の幸福感を味わうことはできません。**

また「店員さんによる丁寧な接客が忘れられなくて、ブランドショップに通うのがやめられない人」も多いものです。

大金を払ってくれる可能性がある相手に、優しい言葉をかけたり「お似合いですね」とおだてたりするのは、当たり前。それを**「自分の魅力」と勘違いして、「承認欲求を満たされた気分」**になっていては、あっという間にクレジットカードの残高がなくなり、借金がかさんでしまいます。**仮にお金が有り余っている人であったとしても、適切なお**

図表13　ブランド依存症

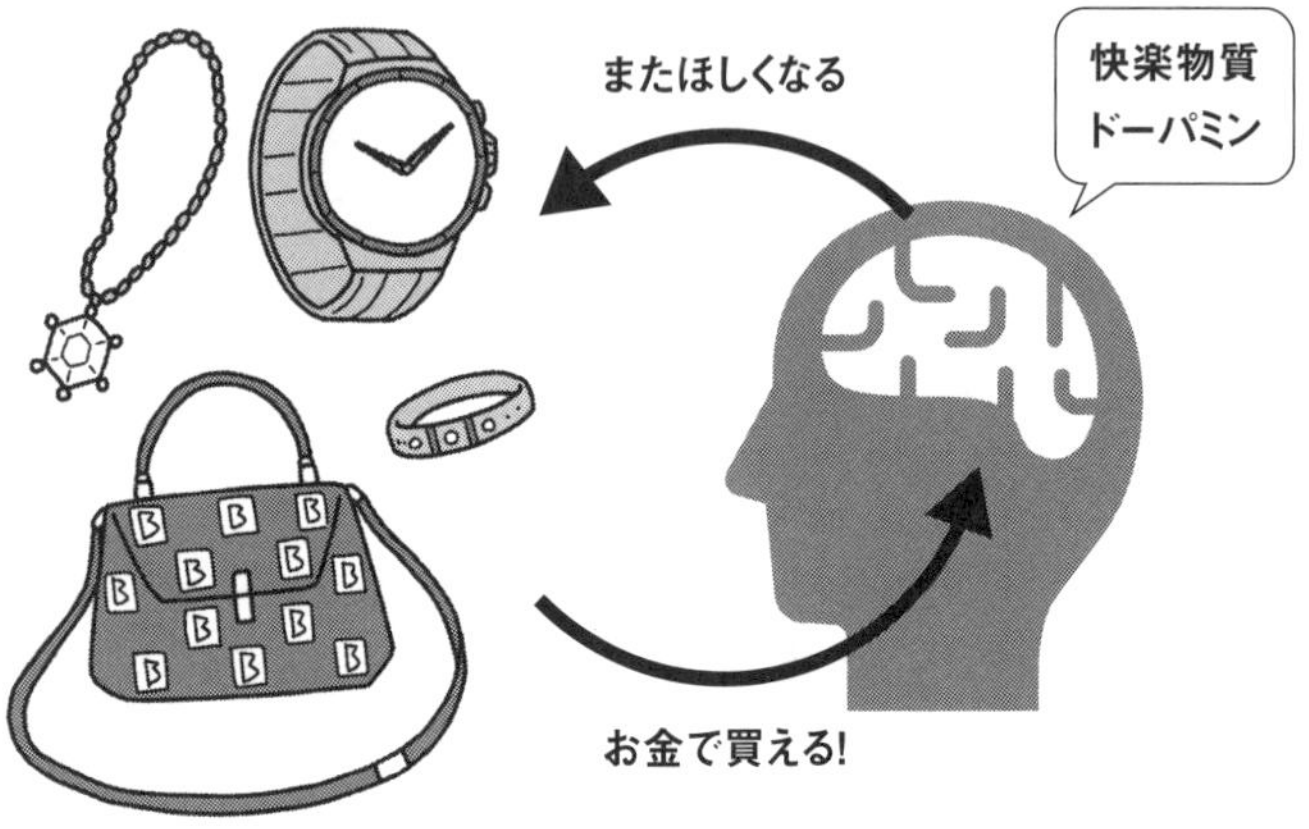

金の使い方とは言えません。
　それでもブランド物を買うのがやめられないという人は、依存症に陥っているのかもしれません。やっかいなことに、**ブランド物を買う瞬間やその直後は大きな喜びによってドーパミンが分泌されるため、依存しやすい**わけです。
　このようにブランド物を闇雲に追い続ける人生にはデメリットしかありません。
　他人軸で生きてしまったり、無意識に流されてマインドレスネスな状態になってしまったり、ドーパミンが過剰に分泌されたり……。多くの人に**「ブランドの価値」を自分で決められるようになってほしい**、というのが僕の願いです。

「勉強しすぎ」の人は　どうすれば良いのか？

大人になっても「勉強」を続けている人は、現代社会では多いほうだと思います。

僕は彼ら彼女らを尊敬していますし、勉強嫌いの僕からしたら立派だなと思っています。

僕のクライアントでも､何度も同じ分野の講座を受けている人は少なくありません。ですが、「なぜまだ学び続けているんですか？」と聞くと、よく返ってくる答えの1つが、**「勉強していないと不安だから」**という答えです。

本来であれば、夢に向かって、願望実現のために学ぶのではないでしょうか。

それなのに､**「不安だから……」**という理由で学び続けることに意味はあるのでしょうか。

それともう1つ、よく聞く理由が**「なんとなくためになりそうだから」**という答えです。この状態もまた、自分軸で勉強することを決めているというよりは、**他人に影響さ**

れて「ただ勉強しているだけ」と言えます。

また、資格勉強をしている人からよく聞くのが**「資格を持っていたほうが安心するから」「資格が取れそうだったから」**という言葉です。

本来の資格取得の目的はいったい何なのでしょうか。

もちろん「勉強すること」はとても良いことです。

自分の知らないことを新たに吸収したり、まったく新しいことができるようになったりして、自分自身を高めていくことなので、大前提として「勉強」が素晴らしいことであるのは間違いありません。また学びの姿勢が身についている人は、謙虚で真面目で優秀な人が多いです。

ですが、僕たちの人生は限られています。勉強すること自体は悪いことではないのですが、**「何のために勉強するのか?」を考えたことはありますか?**

大人になっても「学び」（インプット）だけに力を入れ続けている人に伺いたいのは**「いつまでインプット（勉強）をし続けたら、アウトプット（実践）をしますか?」**ということです。

なぜなら、何事においても**バランスが大切**だからです。

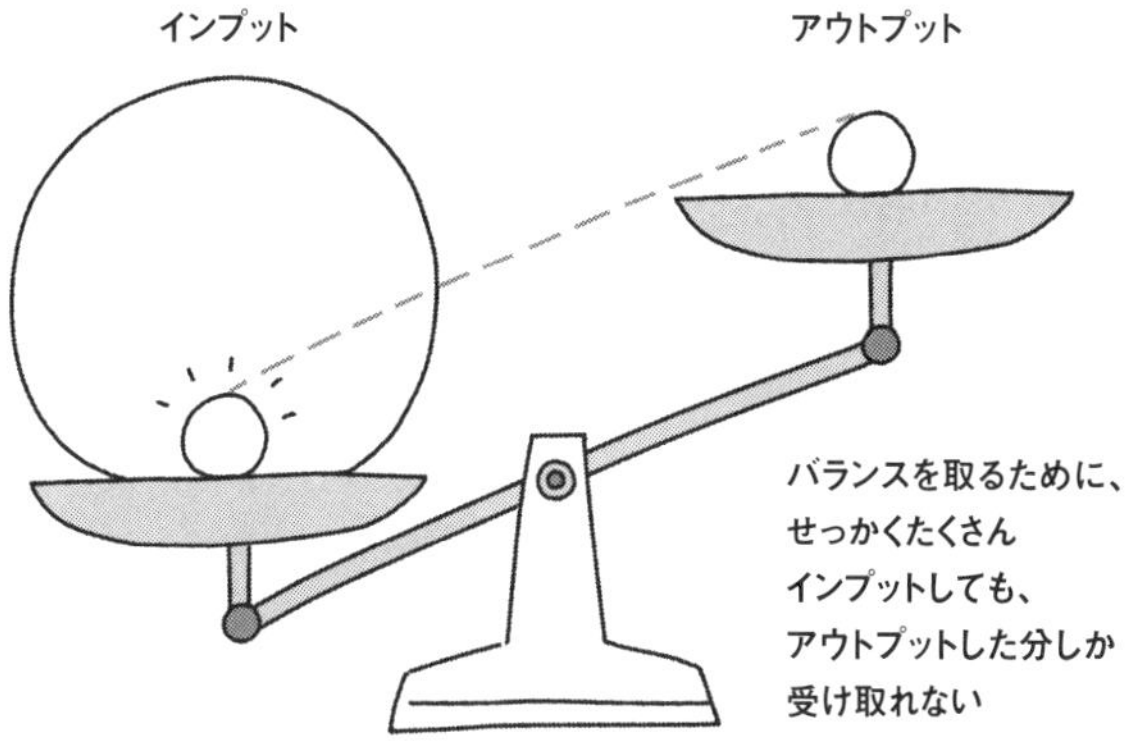
インプット
アウトプット
バランスを取るために、
せっかくたくさん
インプットしても、
アウトプットした分しか
受け取れない

インプットとアウトプットのバランスが重要

インプット（勉強）と、アウトプット（実践）、この2つの要素があるとすれば、これらのバランスが取れている状態**「中庸《ちゅうよう》」が最も理想的**だと言えます。

なぜなら、ここでも**正負の法則**が働き、**人は「アウトプット」した分しか「インプット」したことにならない**からです。

本来、何か目的を達成するために「学び」があるわけで、「学び」とは単なる手段のはず。

ですが、インプットが増えすぎると、その人の中で**「学び」をすること自体が「目的」にすり替わってしまっている**わけです。

僕たちの時間やエネルギーは有限です。

脳のリソースを無駄遣いしないためにも「勉強しすぎ」には気をつけたいものです。

「不足」ではなく「獲得」した部分にフォーカスする

いったいなぜ、勉強しすぎてしまうのでしょうか？

実は、そこにも**RASの仕組み**が深く関係しています。

勉強を続けるうちに**「まだ、○○の資格が取れていない」「まだ、○○については知らない」「まだ、○○がマスターできていない」**というように**「足りない部分」**にばかり目が向くようになってしまうのです。すると注意力が散漫になり、**マインドレスネス**な状態になっていきます。

こうなってしまうと、思考停止状態で講師に言われるがまま、環境に踊らされるがままに、ただ闇雲に勉強を繰り返すだけの状態になってしまいます。

そこから脱却するには**「もう、○○については知っている」「もう○○をマスターしている」「もう、○○の資格は取れている」**というように**「足りている状態」**や**「獲得したもの」**にフォーカスするようにしてみましょう。

つまり「減点方式」ではなく「加点方式」で自分を観察するのです。

減点方式とは、物事を評価するときに、「悪い点」や「失敗の要素」に目を向けて**点数を引いていく方法**です。

反対に、**加点方式**とは「良い点」や「優れた点」を点数として**積み上げていく方法**です。

減点方式で自分自身を判断してしまうと、いつまで経っても満点を取ることができません。すると「自分はまだまだ」と捉えてしまうため、不安が生じ、無意識を活性化させるどころではありません。

また**「資格を次から次へと取りたがる人」**もよく見かけます。意外に思われるかもしれませんが、これもまた、減点方式の思考の可能性が高いです。

確かに、世の中には「資格」があふれています。

資格の中の「国家資格」だけでものすごい数になりますが、そこに民間の資格を含めると、数千、数万という数になります。

でも、一人の人間が一生のうちに取得できる資格の数は限られますので、どの資格を取るかは厳選する必要があると思いませんか？　そうでないと、いつまで経っても「まだ取れていない資格がある！」と不足感に悩まされてしまいます。

そうなってしまうと、一生の大半を「勉強しすぎ」で過ごすことになってしまいます。

もちろんこれは、資格に限ったことではありません。「**まだ読んでいない本がある**」「**まだ知らない分野がある**」「**まだ知らない、まだ知らない、まだ知らない……**」。

あなたはいつまで続けますか？

「学んでいる自分」に酔ってはいませんか？

また「学びの場に足を運ぶことが好き」「学んでいる自分が好き」という方も一度考え直したほうがいいかもしれません。

インプット学習だけで終わる人を、僕は何百人、何千人も見てきました。どれだけいい知識を吸収しても、アウトプットである実践をしなければ、**宝の持ち腐れ**に終わってしまいます。

当たり前すぎることですが、**学びの後の行動がなければ、願望実現にはまったくつながっていきません。**

なぜならこの世は「考えているだけ」ではなく**「行動すること」で初めて現実が動く**

からです。

現実を変えるために、次の中から1つでもいいので取り入れていきましょう。

①今学んでいることを、意識しながら一日を過ごしてみる
②今学んでいることから、1つだけに絞って「今」実践してみる
③今学んでいる「仲間」とお互いにアウトプットし合ってみる
④今学んでいる「環境」にアウトプットすることで、仲間に貢献する

いかがでしょうか？　今すぐにできることもあったのではないでしょうか？　もちろん**一気にやる必要はありません。**一つひとつ、着実に丁寧にアウトプットしていくことが、確実な現実の変化へとつながっていきます。

無意識はあなたの可能性を知っている

ここまでお話ししたように、現代人は必要以上に「学びすぎ」の可能性が高いです。そしてそれを「うまく活かせていない……」。その原因は、インプットとアウトプットのバ

ランスが取れていないせいです。

つまり、これから僕たちが一緒に考えたいのは、「もっともっと勉強しないと」ではなく、**「今まで学んだことを、毎日の中で少しずつ実践する」**ということです。

こう考えてみると、「はじめに」でもお話しした通り、**何か新しいことを学ぶ必要はもうないかもしれません。**

あなたの無意識は、ここまであなたを立派に育ててくれました。そしてこれからも。

これまで学んだことは、**「あなたの無意識が、あなたの可能性を信じて動かしてくれたんだ」**と捉えてみてはいかがでしょうか。

そう、自分自身の無意識の可能性を信じることから、願望実現は始まっているのですから。

「時間を気にしすぎること」のリスク

現代社会では、時間を常に意識しすぎることで心の余裕が失われ、「マインドレスネス」な状態になりがちです。それでは無意識を活性化は望めません。


「今日は商談のアポが6件あるから、終了時間を厳守しよう」

「13時までに、取引先に受注数の返事をしなければ」

「15時から、大事なプレゼンだ」

「17時発の新幹線にもし乗り遅れたら、大変なことになる」

また、30分刻み、あるいは10分刻みで予定が入っている人も珍しくないでしょう。


子育てや介護など、家族のお世話をしている人も同じです。

「8時に次男を幼稚園に送っていって、11時にお迎えに行って、その後、宅配便を受け取って、14時に長男が小学校から帰宅するからおやつを用意して、15時に2人を習い事の教室に連れていって、16時に2人を教室から引き取って、17時まで公園で遊んで……」

このように現代は、「誰もが忙しい時代」と言えます。

原始人の暮らしと比べるとわかりやすいと思いますが、**時間に追われる暮らし**は、僕たちの心身に悪影響を及ぼします。

もちろん個人差はあります。ですが、**無意識に悪影響**を与えているのは確かです。なんせ、原始時代には時計すら存在していなかったわけですから。

原始人は、日の出や日の入りといった**「自然の変化」や、空腹感や疲労感といった「自分の身体感覚」**に基づいて行動していました。瞬間的に焦ったり急いだりすることはあったかもしれませんが、そのような状況が持続することはなかったはずです。

なので、僕たちもそんな原始人を見習って、**小まめに意識的に、マインドフルネスな状態をつくり出す**ようにしてみませんか？　マインドフルネスな状態を持続させるのが難しければ、一時的にでもつくることをおすすめします。

あるいは、**必要以上に焦ったり、急いだりは、できるだけしない**ことです。それだけでも、脳のリソースを守ることができます。

具体的におすすめしたいのは、次のような方法です。

①「大事な用件」の前に、焦ったり急いだりしないで済む方法

「大事な用件がある」というだけで、その日は朝からソワソワしたり、他のことに集中できなくなったりしてしまうことがよくあります。未来を心配しているわけですから、それもマインドレスネスな状態です。

そうならないための方法の1つに、**タイマーを活用する方法**があります。

会議やミーティング、プレゼンなど「大事な用件」が始まる時刻の30分前に、タイマー（アラーム）をかけておくのです。

タイマーが鳴るまでは、「大事な用件」以外の集中したいことに没頭できます。

そしてタイマーが鳴ったら「大事な用件」のための準備や用意にとりかかればＯＫです。

大切なのは、「大事な要件」の時間が来るまでは「自分だけの時間」を楽しむことです。

そのために、深呼吸をしたり、目を閉じて瞑想をしたりして**「脳を休める時間」**とし

て活用しましょう。

②どんなに予定が立て込んでいても、意識を流されない方法

予定と予定の間に**「1～5分だけは、自分の身体感覚や呼吸に意識を向ける（瞑想をする、深呼吸をする）」**と決めておくことです。**（最低1分は確保したいところです）**

その時間だけは作業を止めて、脳を休ませてあげましょう。

脳全体が休まると、無意識が活性化されます。

また、前頭葉が活性化されるため、自分で目標や計画を立てたり、見直したりなどの、その後の行動がはかどるようになります。

ここで気をつけたいのが、**「そんな時間を取るなんてもったいない」とは捉えないこと**です。むしろ**「その後の流れをスムーズにするために脳を休める」**と認識してみてください。

それが難しい場合、トイレに行くタイミングを活用してでも脳を休めてあげましょう。

③可能な限り「メリハリ型」で仕事をする方法

これは、一般的な職場、人目のあるところでは難しいかもしれません。

リモートワークの方や自営業の方におすすめのメソッドです。

もし「自由に使える90分」がある場合、「60分は作業に集中して、30分は自分のために休む」という時間の使い方ができれば最高です。

1日の生産性という視点で見ると「同じペースで90分働き続ける」よりも、時間を決めて集中したほうが、確実にはかどるはずです。なぜなら、脳が「今何をするべきか」明確になるため、リソースを最大限に引き出すことができるからです。

自分の裁量で働き方を決められる場合、ぜひ試してみてください。

④休日に、自分の身体感覚を取り戻しておく方法

オンタイムに予定に追われているのであれば、オフの間くらいは時計を見る時間を減

らすところから始めてみましょう。

時計をなるべく見ずに、自分の身体感覚に意識を向けたり、外の景色を見て季節の移り変わりを楽しんだり……。

時間があるからといって、目的もなしにＴＶや動画ばかりを見るのはおすすめしません。人がつくり出したバーチャルではなく、**自然あふれるリアルな世界で、五感や身体感覚、心で感じること**を、今この瞬間から始めてみませんか？

広告は「ザ・マインドレスネス」

TVから発信されるCM、ネット上の広告、街の看板や広告……。僕たちはこれらを「見ている」という自覚のないまま、影響を受けているというお話をしました。

興味があるわけでもないCMや広告の影響を、なぜ受けてしまっているのでしょうか。

理由は簡単です。

CMや広告は、**僕たちの脳に「強制的に反応を促すような仕組み」**を持っているからです。

例えば、ビジュアル、キャッチコピー、文字の大きさ、文字の色など。

脳に強く訴求するよう、その道のプロたちが考え抜いた技が凝縮されているわけです。

僕たちの脳がそれに反応して「ほしくなってしまう」「面白そうと感じてしまう」のも、無理はありません。

そんな世の中全体の仕組みに気づかず、無防備に外を歩いているだけで、脳はリソースをますます奪われてしまいます。すると無意識が活性化する余裕はどんどんなくなっていきます。

もちろん、CMや広告に興味があって、自発的に見ている状況なら問題はないでしょう。

でも大半の方がそうではないはず。

なので今日からは、**脳を能動的に〝守る〟こと**をおすすめします。

次のようなことを意識することが、あなたの脳を守り、無意識の活性化を促す要因となります。

CMや広告から脳を守る方法

①読みたい本や聴きたい音楽、動画などを携帯する

移動でバスや電車などを利用する場合、本を読んだり音楽を聴いたりするのがおすすめです。目的があれば動画でも構いません。それらに意識を向ければ、街中や車内の広告が目に入りにくくなり、あなたの脳のリソースを守れます。

②景色を楽しむ

同じく、移動でバスや電車などを利用する場合、意識的に「景色を楽しむ」という方法もあります。

広告ではなく、外の景色や建物、空などに意識を向け、観察するのです。同時に**呼吸に意識を向ける**となお効果的です。

特に**自然の風景は心を穏やかにしてくれる上、前頭葉が活性化するマインドフルネスにもつながります。**

③消せる広告は消してしまう

CMや広告の中には、消すことが可能なものもあります。例えばタクシーの後部座席に設置されているタクシー広告は、スイッチを押すだけで画面をオフにできます。**僕も毎回オフにしています。**

また YouTube の動画内の広告も、課金をすれば消せます。Xのタイムライン中の広告も同様です。月に千円程度、つまり1日あたり数十円で、こんなにも効果の期待できるお金の使い方はないと思います。大事なことは、**情報に接する際は受け身ではなく、能動的になること**です。

情報に流されず、**自分で「これを見る」と決めること**が大切です。

ＣＭや広告があふれる現代社会を変えることは、なかなか難しいものです。ただ、僕たち一人ひとりがそれを受信するときの態度は、いくらでも変えることができます。

「踊らされやすい環境」に自分が置かれていることを自覚して、踊らされない（＝流されない）よう意識をすることが大切。また、意識をどこに向けようか迷ったときには、**自分自身の内側に意識を向けるよう、心がけてみましょう。**

「知識過多」を減らすにはどうすれば良いか？

きっとここまで真剣にこの本を読んできたあなたは、人よりも知識の量が多いはず。お世辞でもなんでもなく、これは素晴らしいことです。

ですが**もしその知識が、あなたの願望実現に直接関係ないものだとしたら……。**

もちろん何かを覚えておくのにも脳のリソースは使われるわけですから、それらは脳や無意識のエネルギーを確実に消費します。

記憶の貯蔵庫に「使わない知識」を膨大に詰め込んでいたとしたらどうなると思いますか？

ファイルをため込んだパソコンと同じで、本当に使いたいリソースをスムーズに引き出せず、脳の反応が遅くなるのは避けられません。

「使わない知識」は手放すことで、無意識にも適切な空間ができ、脳のリソースを最大限に活かすことができます。

また、**脳に情報をインプットし続けていると、常に情報処理や分析に追われてしまうため、脳がなかなかリラックスできなくなります。**

つまりマインドレスネスな状態に陥ってしまうわけです。

すると無意識の活性化からは、一気に遠ざかってしまいます。願望実現どころの話ではありません。

ですから「使わない知識」のインプットは、やめることをおすすめします。

「じゃあ、脳は使わなくていいの？」

そんなことを思った方もいるかもしれません。

でも決して、そうではありません。

僕がお伝えしたいのは**「インプット」よりも「アウトプット」のために脳を使おう**ということです。

なぜなら現代人は、原始人に比べてアウトプットをしなければいけない機会が激減しているからです。

原始時代、原始人は僕たちよりはるかに多くの「アウトプット」をしていたはずです。

文明も科学技術も発達していないため、なんでも自力で行わなければいけなかったからです。

例えばコミュニケーションを取る場合も、ひと苦労だったでしょう。

「話す」「伝える」という行為を何度も繰り返し、試行錯誤していたと思われます。

それがアウトプットです。

一方で、現代人の僕らには、スマホをはじめいろんな手段があります。

なので、アウトプットをそんなに頑張らなくても、うまくコミュニケーションができてしまっています。

そうなると（自分の頭で考える必要がある）アウトプットの機会は、原始人よりも格段に少ないはずなのです。

「そのほうが手間が省けて楽にコミュニケーションが取れて良いんじゃないですか？」

そんなことを思った方もいるかもしれませんが、果たして本当にそうでしょうか。

皮肉なことに、**現代社会ではインプットがどうしても過多になりがち**なので、**誰もがマインドレスネスな状態に、勝手に導かれてしまいやすいのです。**

だからこそ、**僕たちは意識的に、アウトプットの機会を増やす必要がある**のです。

アウトプットから自分の行動を変えていく

アウトプットを試みることで、脳の柔軟性がアップしたり、新しい神経ネットワークが発達したり、新しい部位が使われたりして、脳自体が成長していきます。

それはマインドフルネスに直結する上、無意識の活性化にも貢献します。

つまり**「新しくアウトプットしようとする取り組み」が、脳を成長させる**のです。


知識のインプットだけになっていては、**知識過多**になってしまいます。

それは**「知識（情報）に流されている」のと同じこと**です。

知識に触れて感じたことをアウトプットして初めて**「自分主体で情報を取り入れた」**ことになります。

そのように知識と付き合えば、マインドフルネスの状態で過ごせます。


わかりやすい例を挙げてみましょう。

学びのためのセミナーや講座で、講師のしゃべっている内容を一言一句、丸写しにしようとする方を、よく見かけます。

また講師のつくったスライド（資料）を、必死に撮影しようとする方も珍しくありません。

有料の講義を聞いているわけですから「一言一句自分のものにして成長したい」というお気持ちはよくわかります。**僕もかつてはそうでした。**

ただ本質的に大事なのは、提供された情報をそのままインプットすることでしょうか？

重要なのは**「その情報に触れて、自分はどう思ったのか」「その情報を聞いて、自分はどんな行動をしようと思ったのか」**ではないでしょうか。

実際、ユダヤ人の成功者は、横書きのノートの中央に縦線を引き、左側には**「獲得した情報（＝インプット）」**を書き、右側には**「自分が実際にやろうとしていること（＝アウトプット）」**を書き分けるのだと聞いたことがあります。

大切なのは、**今この瞬間からできる右側に書かれた事柄**であるはずです。

「正解」を求めすぎない

あなたは、常に正解だけを追い求めてはいませんか？

最短、最速のルートで、正解にたどり着こうとしてはいませんか？

「誰かに教えてもらってでもいいから、早く、効率良く正解だけを知りたい」

そんな姿勢で生きてはいませんか？　これもよくやってしまいがちです。そして、**僕も過去に正解だけを求めていた時期があります。**なので気持ちはよくわかりますが……。

実際に具体例を挙げてみましょう。

正解だけを追い求めている例

・英語の講師に「英語力がアップしやすい英語の勉強法」について根掘り葉掘り聞く
・講義をしてくれた栄養学の講師に「身体に良い食事法」について、詳しく尋ね続ける
・ビジネスの講師に「効率の良い稼ぎ方」について、聞き続ける

正解だけを求めて脳がリラックスできていない人

つまり、自分よりも多くの知識・知見を持っている人に**「正解を早く伝授してほしい」**と助言を求めるイメージです。

正解を知ることは、確かに大事なことでしょう。

ただ、それは**短期的な物の見方**でしかありません。たとえ時間がかかったとしても、**「正解を探っていくプロセス」にこそ大きな価値が潜んでいます。**

それに、英語の勉強法にしても、身体に良い食事法にしても、効率の良い稼ぎ方にしても、**個人差が大きい**ものです。「あの人には有効だったけど、自分には向いていない」ということも起こり得ます。**正解を求めすぎることが、実は遠回りだったりもす**

るわけです。

自分で試行錯誤を重ねることが、真の成功への近道です。

なので、あまり**「正解」だけを急いで求めすぎない**でほしいと思っています。

「正解だけを追い求める姿勢」だけを貫いていると**「間違いは避けたい」「失敗はしたくない」という気持ちが無意識に働きます。**それに影響されて、好奇心や探求心など、本来備わっている感情が湧いてきにくくなります。

また、常に「正解だけを追い求める姿勢」でいると、強いストレス状態にひとりでに追い込まれていきます。

脳がリラックスしにくくなり、無意識の活性化も困難になっていきます。

あなたに起こることは、すべて〝正解〟

また「正解だけを追い求める姿勢」の応用形として**「自分の行動を後から確認しすぎる癖」**があります。

例えば自宅を出てから「自分が本当に鍵をかけたかどうか」が気になって、引き返して確認したという経験はありませんか？

「いつもいつも、家から離れた後に、いったん戻って確認してしまうという癖がありま す。でも実際のところ『鍵をかけ忘れていたこと』は一度もない。僕は心配性なんでし ょうか？」

このような質問を、本書の担当編集者さんからもらいました。

確かにこの癖には「正解だけを追い求める姿勢」があると言えるでしょう。

「間違いは避けたい」「失敗したくない」という意識が過剰に働いているようにみられま す。

ですが、気にすることはまったくありません。

「施錠をし忘れたことは一度もない」ということは、**編集者さんの無意識は完璧**なので す。

これから先も、自分の無意識を信じて大丈夫でしょう。

ただ「家から離れた後に、いったん戻って確認する癖」がもし気になるなら……。

「鍵なんて、閉め忘れたっていいんだ」という、ちょっと今までよりも楽観的なマインドセットに切り替えてもいいと思います。

間違わないようにしよう、失敗しないようにしようとする自分自身に、**「間違ってもいいんだよ」「失敗してもいいんだよ」と寛大になってみる**のです。

すると不思議なことに「正解」へのこだわりは消え、**気持ちが楽**になっていきます。

「自宅の家の鍵を閉め忘れるなんて、絶対にダメでしょう⁉」

そう感じる人がいるかもしれません。

ただ、もっと次元の高い、大きな気持ちで捉えてみてほしいのです。

僕たちに起こることには、すべて意味があります。ここは超重要ポイントです。

なので、実際に目の前で起こることは、**すべて正解**なのです。

極論に聞こえるかもしれませんが、施錠をし忘れた自宅に空き巣が入ったとしても「正解」なのです。

例えば、施錠をし忘れたことで、金品が盗まれ、編集者さんは一時的なダメージを被るかもしれません。

でもそれ以降、編集者さんの防犯意識はより高くなるはずです。

そのような直接的な事柄だけでなく、**間接的に起こるメリットも含めれば、この本だけでは紹介できないほどの驚くべき奇跡も起こり得ます。**

何かが盗られたことで、その大切さが身に染みてわかるようになるかもしれません。

そこから人生観や行動が変わることもあるでしょう。**行動が変わることで、当然人生全体の結果も変わります。**

その体験のおかげで「防犯についての本をつくろう」という強烈な気持ちが湧き起こり、仕事につながる可能性だってあります。


さらに言うと、編集者さん自身が「施錠を忘れたときに知らせてくれる装置」を開発したり、「防犯にまつわるサービス」を思いついて起業をしたくなるかもしれません。

つまり、**人生が予期せぬ面白い方向に展開する可能性**だってあるのです。

そうなると編集者さんにとって「施錠を忘れたこと」は**「大正解」**なのです。

このように**「失敗」から新たな行動、新たな挑戦、新たな成功が生まれる**こともあります。**「失敗は成功の母」**とも言われます。

失敗を歓迎できるようになれば、人生はより面白い方向に展開していきます。**僕自身もこれまで、嫌というほどの失敗を繰り返してきました。おまけに物覚えが悪いので、同じ失敗を連続で犯したことさえあります。でも僕は一切後悔していません。だって、もし「あの失敗」がなかったら、僕の行動が変わり、今の僕の人生になっていない可能性も十分に考えられるからです。**

あなたとも、こうして出会えなかったことでしょう。

だからこそ、過去の失敗には本当に感謝しています。

今日、僕たちの周りには、さまざまな情報があふれています。

目の前で起こる出来事だって、すべて〝情報〟と言えます。

重要なのは、**膨大な情報のうち、何に目を向け、どう解釈するか**です。

「失敗をゼロにできる人」より**「ここで失敗しておいて良かった」などと、情報を前向きに解釈できる人が、本当に成功できる人**ではないでしょうか。

「間違いたくない」「失敗したくない」という欲求を手放して脳をリラックスさせることができるようになると、よりマインドフルネスな状態で生きられます。

本を読まなくても無意識が活性化する方法

「『面白そう』と感じた本を買い集めるうちに、未読の本が山積みになっていた……」

あなたにも、こんな経験がありませんか？

いわゆる「積読《つんどく》」の状態です。

もちろん、本は〝生もの〟ではないので、いつまで経っても腐ることはありません。積読の状態がたとえ長く続いても、（どこかでその本を読めば）本代を損したことにはならないでしょう。

ですが「自分はなぜ積読をしてしまうのか」という自己嫌悪に陥り、マインドレスネスな状態に引きずられてしまう方も多いようです。

そんなときにおすすめしたい**「発想の転換法」**をお伝えします。


「なぜ積読をしてしまうのか？」

そんな**自問自答**には、大きな意味があります。

自分に「なぜ?」という問いを重ねてみてください。

あなたの心の奥底に潜む問題を、解消できるかもしれません。

この方法は、**トヨタ自動車でも取り入れられているほど、問題解決には打ってつけの方法**です。ここでは想定される2つのケースを挙げてみますね。

【積読をしてしまう理由① 本の表紙が魅力的だから】

これはCMや広告の問題と同じです。

CMや広告が、僕たちの脳に強制的に反応を促す仕組みを持っているのと同様に、本のパッケージもプロたちの手により、訴求力の強いものに仕上げられています。

なので、僕たちの脳がそれに反応して「ほしくなってしまう」「面白そうと感じてしまう」のも、無理はありません。

魅力的な表紙や本のパッケージに流されずに〝見極める〟ためには**「本のパッケージは魅力的で当たり前」**と、まず知っておくことです。

パッケージについ惹かれて衝動的に「買いたい」と感じているのか、自分がそれを買う目的がはっきりとあるのか、冷静に見極められるようになりましょう。

【積読をしてしまう理由②　承認欲求きっかけ】

積読しがちな人は、次のような動機も多いです。

「こんなに難解な本を読もうとしている自分は、なんて知的なんだろう」

「こんなにハイセンスな本を読もうとしている自分は、なんて流行に敏感なんだろう」

「こんなにユニークな本を読もうとしている自分は、なんて個性的でかっこいいのだろう」

つまり**「こんな本を読もうとしている自分のすごさを認めてほしい」**という承認欲求に突き動かされて購入したというパターンです。

僕自身もそのような気持ちはよくわかります。

だって、**そんな動機で本を買ったことは、何百回もありますから。（笑）**

僕は「承認欲求きっかけ」による購入が〝悪〟だとは決して思いません。

なぜなら、最初は「承認欲求きっかけ」でも、積読をしているうちに読みたくなって、本に目を通す可能性もあるからです。

そこから新たな学びを得て、新たな行動を重ねていく可能性も高いので、結果的には素晴らしいことでしょう。

たとえ、積読で終わったとしても、**「１５００円も出して買った本だけど、自分は読む**

ことがなかった。次に買い物をするときは気をつけよう」という〝**気づき**〟が得られるわけですから、本人にとっては大きなプラスになるはずです。

そう考えてみると、**本の表紙が魅力的だから買ってしまったとしても、承認欲求きっかけで積読してしまったとしても、結果オーライと捉えても良いと考えています。**

大切なのは「本そのもの」ではなく、**「この本をきっかけに人生を豊かにしよう」という〝気持ち〟**のはずですから。

情報を、すべて消化できなくてもいい

ただし気をつけてほしいのは「本をなかなか読めない自分（状態）」を責めてしまうことです。

罪悪感ほど、自己評価を下げて、無意識を萎縮させてしまうものはありません。

「週末2日間も時間があったのに、ダラダラ過ごしてしまって、本を読むことができなかった。自分はやっぱり怠け者なんだろうか」

「毎日、終電で帰宅せざるを得なくて、本を読む気力なんて残っていない。こんな人生

でいいんだろうか」

このように、自分自身を感情的に責め続けると、「自分はダメだ」という負のループに陥ってしまい、具体的な解決策すら考えられなくなってしまいます。

そんなときは、次のようなマインドセットを取り入れてみてはいかがでしょうか。

「週末2日間も時間があったから、自分は家族と楽しい時間を過ごすことを最優先にした」

「平日、なかなか長時間は遊べない幼い我が子と向き合えたのは最高だった。思い出もたくさんできて良かった」

「毎日、終電までやりたい仕事に没頭できて、本当に良かった。人生の中で、今の時期は仕事に集中すべき大事なときだ。こんな仕事に巡り合えた自分は、なんて幸せなんだろう」

このように、**同じ状況であっても見方（発想）を変えるだけで、自分を肯定的に捉えることができます。**すると「自分自身をうまくコントロールできている」という自信や、満足感のようなものが自動的に湧いてくるはずです。

この**「自分をコントロールできている」**という感覚は非常に大事です。

「流されて行動しているのではなく、行動を選んでいるのは自分自身だ」と見方を変えてみましょう。

つまり、目の前の積読本の情報に圧倒されるのではなく、**「それを『読まない』という選択をしたのは自分自身だ」**と切り替えるだけでいいのです。

さらに言えば、**「本を手に入れたからといって、必ずしも読まなければならないわけではない」**という**超越した常識外れの考え方**をしたって良いのです。

すると「本をなかなか読めない自分（状態）」を責めるどころか、**自己肯定感がびっくりするくらい高まります。**

「いったん手に入れた情報は、すべて消化すべき」

こんな〝思い込み〟は早く手放して、マインドフルネスな状態を取り戻しましょう。

この本だって、**ここで読み終えても良いんですよ。**

この本も、積読？（笑）

「使っていないアプリ」はどうするべきか？

多くの方が「情報過多」のまま放置しているものの1つに、スマホの待ち受け画面があります。

ここで注目したいのはアプリです。初期設定で、最初からいくつも入っている上、あなたは大して使いもしないアプリを、**無料だからといってどんどんインストールしていませんか？**

待ち受け画面のページ数が、増えてはいませんか？

アプリが増えるとスマホのデータ容量も増えて、操作性も悪くなる一方です。

サクサク気持ち良く作動させるためにも**「3～4か月使っていないアプリ」は定期的に削除することをおすすめします。**

よくよく設定を見直すと**「使いもしないアプリ」に課金し続けていることが**わかるか

使っていないアプリがたくさんあると
知らない間に脳のリソースが奪われ、注意散漫になってしまう
無意識も自然とネガティブなほうへと引っ張られてしまう

アプリでいっぱいのスマホを見て注意力散漫な様子

もしれません。

たとえ1か月300円のサブスク料金だとしても、1年間で3600円にもなります。

そのお金があれば、本がもう2、3冊は買えてしまいます。**(また本の話かい!)**

アプリの過多による弊害は、これだけではありません。

待ち受け画面を目にする度に、大量のカラフルなアプリを視界に入れているわけですから、**脳のリソースを知らない間に奪われてしまいます。**注意力が散漫になり、**無意識もネガティブなほうへと引っ張られます。**

つまり**「使っていないアプリ」は、あなた**

をマインドレスネスな状態へと流してしまいます。待ち受け画面は定期的に見直し、今からでもアプリの数を抑えるようにしましょう。

無意識を守るには**「使っていないものは視界から外す」**という考え方が有効です。**「削除すべきか迷うアプリ」は、待ち受け画面の３ページ目以降に配置する**と良いでしょう。そして**「〇か月の間に一度も使わなければ、捨ててもいい」**という**マイルール**を設定しておきます。すると抵抗なく削除できるようになります。

また**「アプリをまとめる機能」**もあります。自分のライフスタイルや価値観に合わせて、アプリの整理を楽しみましょう。

衝動買いを抑えられない人へ

本だけに限らず、基本的に衝動買いは抑えたほうがいいと考えています。

なぜなら**衝動に駆られて買う行為自体が、まさにマインドレスネスの状態**だからです。

衝動買いをしてしまうのには、さまざまな理由があるでしょう。

「一目惚れした」「残り1点だった」「今日を逃すと、買い物に来られないから」……。

中でも多いのは**「安いから」（割安だから、お得だから、特売だから）**という価格にまつわる理由ではないでしょうか。

「安いから（とにかく衝動的に）買う」という行動は、最も避けたいものです。

例えば**「安いから」といって買った服が、その人に本当に似合うとは限りません。**

また「安かろう悪かろう」という言葉もあります。

「安いから買う」という行動が、なぜ良くないのか？　理由を考えてみましょう。例として「安いから」と買った食品が、身体に良いかはわからない理由を挙げてみます。

①賞味期限が迫っている
②原材料に問題がある（低品質の食材が使われている）
③添加物が多く使われている
④流通や品質管理にずさんな点がある
⑤低賃金の労働力でつくられている

賞味期限が迫っている食品を食べてお腹を壊しては大変ですし、添加物の多い食品をとり続けることは長期的な視点で見ると、僕たちの健康を大きく損なうことにつながります。

ですから「安い！」と飛びつくのではなく「本当に安全か」「本当においしいか」「本当に食べたいか」、冷静に判断する必要があります。

考え方を変えると、これは贅沢な話かもしれません。

食料を常に探している原始時代であれば「より安全なもの（おいしいもの）」を望む余裕はなかったでしょう。手に入りそうなものは衝動的に確保して食べていたはずです。

でも現代は物が豊富になり、ある程度は選ぶことができます。

今こそ、僕たち一人ひとりが本当にほしいものを選ぶ時なのかもしれませんね。

未来の自分のためにも。


また、食品を売る側の人たちはビジネスですから、戦略的に安い値付けをしてきます。

例えば「3割引き」のシールを貼れば、それが客寄せになり、（そこで多少損しても）お店全体での売上が上がればそれで良し、という計算で値付けをしているわけです。

その戦略にハマることなく、**自分が「今、本当にほしいものを買う」**という行動がマインドフルネスにつながります。


もちろん「今、本当にほしいもの」が安くなっていたら超ラッキーです。

それは買っておきましょう。

「衝動買い」は、ゆっくりジワジワ脳までむしばむ

もう1つ、衝動買いの弊害を見ておきましょう。

衝動買いをしがちな人は、**身の回りにものがあふれている可能性**が高いです。

その理由も**「買ったは良いけど、実は使っていない」**というものです。

所有しているアイテムの数が多いと、部屋は片付けにくくなりますし、管理をするにも脳のリソースを奪われます。また、僕たちが気づかないうちに、無意識は**「視界に入るものの情報処理」**をしてくれているので、**ものの数が多いと脳まで疲れやすくなります。**

つまり、**自分の所持品の数は少なければ少ないほど理想的**なのです。

すると、無意識のスペースに空きができるので、よりマインドフルネスな状態に自分を導いていくことができます。

所持品の数が増えすぎないよう、「買うもの」については厳選していきましょう。

それは**「情報過多」の解消に直結**します。

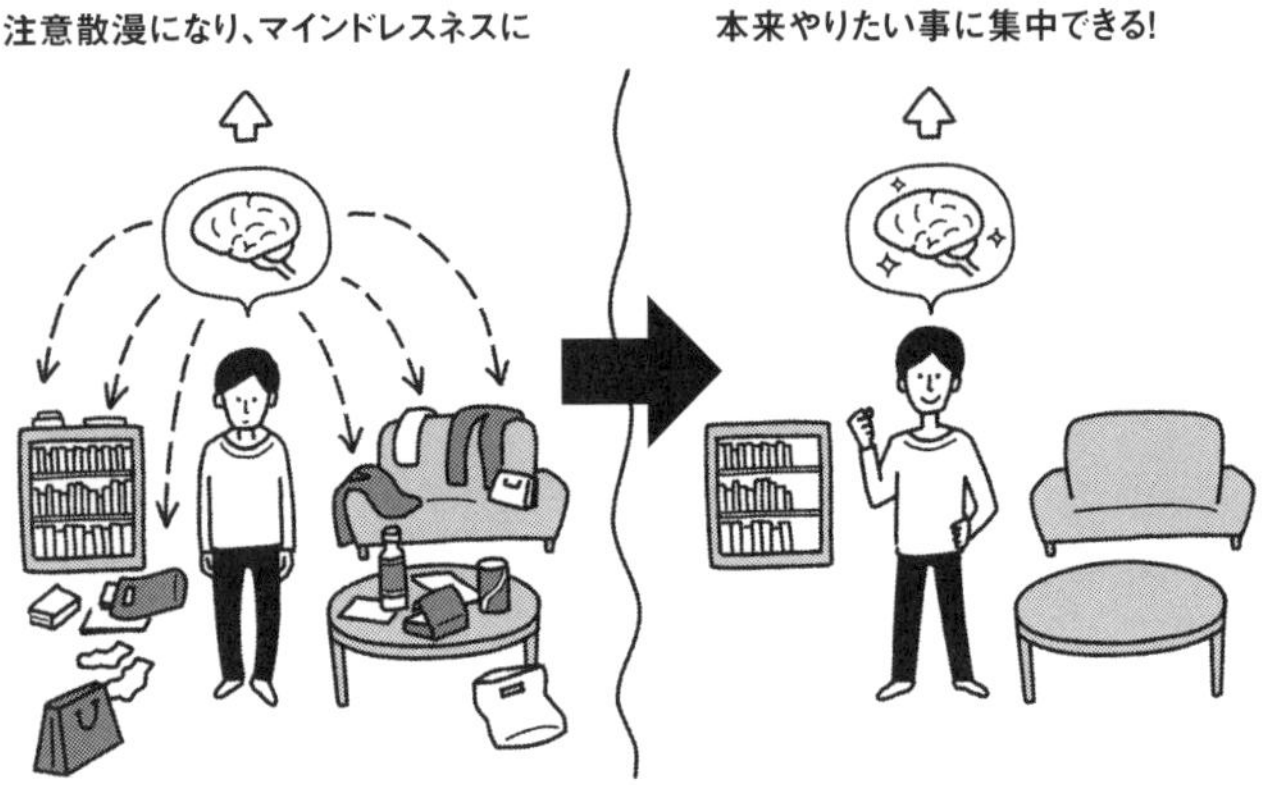
注意散漫になり、マインドレスネスに
本来やりたい事に集中できる!

部屋が片付き、マインドフルネスな状態になっている

アプリと同様、数か月使っていないものは「捨てる」選択をすることで、家も脳もスッキリします。当然お金も貯まりやすくなります。

できるところからで良いので、やっていきましょう。

YouTubeのレコメンド機能との向き合い方

「レコメンド機能」という言葉をご存じでしょうか。

レコメンドとは、英語の**「recommend」**をカタカナで表記したものです。**「おすすめ」「推薦」**などの意味があり、日本でも同様の意味で使われています。

例えば、ネット上でAという商品をチェックしたことが、顧客情報として登録され、別の日にAという商品とよく似たBという商品の広告が表示される仕組みのことを「レコメンド機能」といいます。

これはＡＩによって、その人の好みや消費の傾向を学習したサイト側が、**「似たものがありますが、これも買いませんか？」**とすすめてきていることになります。

このレコメンド機能は、動画サイトにも搭載されています。

有名なのはYouTubeでしょう。

以前、YouTubeのユーザーのほとんどは、検索や外部の共有リンクから生み出されていました。ですが、現在は大半のユーザーがレコメンド機能によってすすめられた動画の中から視聴する傾向が強いです。

そもそもYouTubeには大量の動画が投稿されています。

２０１６年、18億３０００万～21億５０００万の動画がアップロードされているとYouTubeは発表しています。そして２０２２年には毎分５００時間以上の動画がアップロードされていて、動画の数は今も増え続けています。

それだけ膨大な動画がある中で、YouTubeを手軽に楽しめるのは、レコメンド機能のおかげ、という見方もあるでしょう。

なんなら**「自動再生機能」**をオンにしておくだけで、（レコメンド機能のおかげで）ＴＶ放送のように連続して動画が再生され続けます。ＡＩがユーザー個人の趣味や嗜好に合わせて絶妙のチョイスをし続けてくれるので、飽きずに見続けられるというわけです。

なぜそんなチョイスが可能なのかというと、**ＡＩがそのユーザーの動画の再生履歴、検**

索履歴、登録チャンネルなどをひと通り学習しているからです。

例えば、普段から「スポーツの実況動画」を視聴している人の場合、その人は「スポーツの実況動画」をよくレコメンドされるようになります。「音楽のライブ映像」ばかり視聴している人の場合、その人は「音楽のライブ映像」を中心にレコメンドされるようになります。

つまり、よく視聴しているジャンルに近い動画がおすすめされるシステムなのです。よく考えると、このレコメンド機能はさまざまな意味で〝すごい機能〟です。

レコメンド機能は「あなた」本人ではない

この機能を「ありがたい」と捉える人もいるでしょう。「人に選んでもらう」のは、確かにラクなことです。「視聴したい番組」を自力で探しに行く手間が省けるわけですから、そう感じるのも無理はありません。

ですが、このレコメンド機能に頼り切ってしまったら、僕たち人間はいったいどうなってしまうのでしょうか。

もしかすると、常に同じようなジャンルの動画や、同じような傾向の動画ばかりを視聴するようになり、他のジャンルの動画には出合えなくなってしまうのではないでしょうか。

そしてこれは飛躍しすぎかもしれませんが……。

やがて、**違う趣味や知らない価値観を受け入れられなくなってしまう可能性**もあります。

それだけではありません。レコメンド機能は他にも大事なものを奪っていきます。**僕たちから意思や主体性までをも奪っていく危険性**も想定できるのです。

「たかが、動画を選ぶだけでしょう？」と思われるかもしれません。

ですが、甘く見てはいけません。

視聴する動画の選択をいったんサボり始めたら、動画だけでなく、**他のことまで手を抜きたくなっていくはずです。**なぜなら、脳は常に楽をしたがっているからです。

その傾向がエスカレートすると、**「すべて人任せ」「自分は何もしたくない」「自分の好みも意思もない」「なんでもいいや」**……。

このように**現代人は、本当の意味でAIに支配されてしまう危険性**があります。
つまり、視聴する動画の選択を放棄することで、現代人はマインドレスネスな状態へとますます流されていってしまうということです。
ささいなことと思われるかもしれませんが、**視聴する動画を1回1回、自分が主体になって選ぶこと**が、マインドフルネスな状態へとあなたを導いてくれます。
それほど**「自分で決める（選ぶ）」**ことは大事なのです。

そもそも情報が増えすぎてしまった現代だからこそ「レコメンド機能」が登場したと言えるでしょう。それは一見便利で効率的に思えますが、意思や主体性など、あなたから大事なものを奪っていきます。

「動画の選択だけをAIに任せているつもりだったのに、いつの間にか将来の夢の選択までAIに委ねてしまっていた……」

そんな怖いSFのような展開になってしまわないように、**「自分で決める姿勢」**をもっと大事にしていきませんか。

「レコメンド機能」は、どこまでいってもあなたの分身にはなれません。

あなたという存在は、地球上に唯一無二のかけがえのない存在だからです。

ファッションのトレンドを追わない

あなたは「流行しているから」という理由だけで服を選んではいませんか？

「今年トレンドの柄のスカート、最高！」などと本心で納得して愛用しているなら本望ですが「とりあえず流行だから」と流されてしまうのは、非常にもったいない話です。

例えば、トレンドの洋服のシルエットが自分の体形には合わないのに……、「流行色」がまったく好みではないのに……、「押さえておかないと乗り遅れる」と取り入れてはいませんか？

それは、**自分以外の何かに判断基準を委ねる行為**そのものです。**自分軸で決めることを放棄している**わけですから、マインドレスネスな状態へとまっしぐらです。

トレンドは追わない。もっと言うと**「他人の目」は気にしない**。

もちろん、トレンドを参考程度にすることは問題ないですし、トレンドを追うことが心から好きな人は、これからも「好き」をとことん追い求めてほしいです。問題なのは、

「トレンドだから」という**他人軸の理由だけで、思考停止状態で物を選んでしまう姿勢で**す。

多くの成功者は「他人の声」を気にしていません。自分の願望、感情、体感、直感に従い、自分で決めています。

あなたもまずは、ファッションから自分軸を取り戻しませんか。

第4章まとめ

- メディアが報道しているネガティブな情報を無意識で浴び続けていると、脳が思考停止状態になりマインドレスネス状態になってしまう
- デジタルデトックスをすることで、脳のダメージを抑えることができる
- 脳はバーチャルな情報と現実の区別がつかない
- バーチャルな情報でも脳の快楽物質であるドーパミンを大量に出すことができてしまう
- 何かを学ぶ際には、インプットとアウトプットのバランスを意識するようにする
- 正解だけを求めるのではなく、すべての経験に意味があることを知っておく
- TV、SNS、ショート動画、ブランド、広告などに踊らされないように、自分軸を持つことが大切

第5章

無意識を使いこなす法③
——「人付き合い過多」の解消

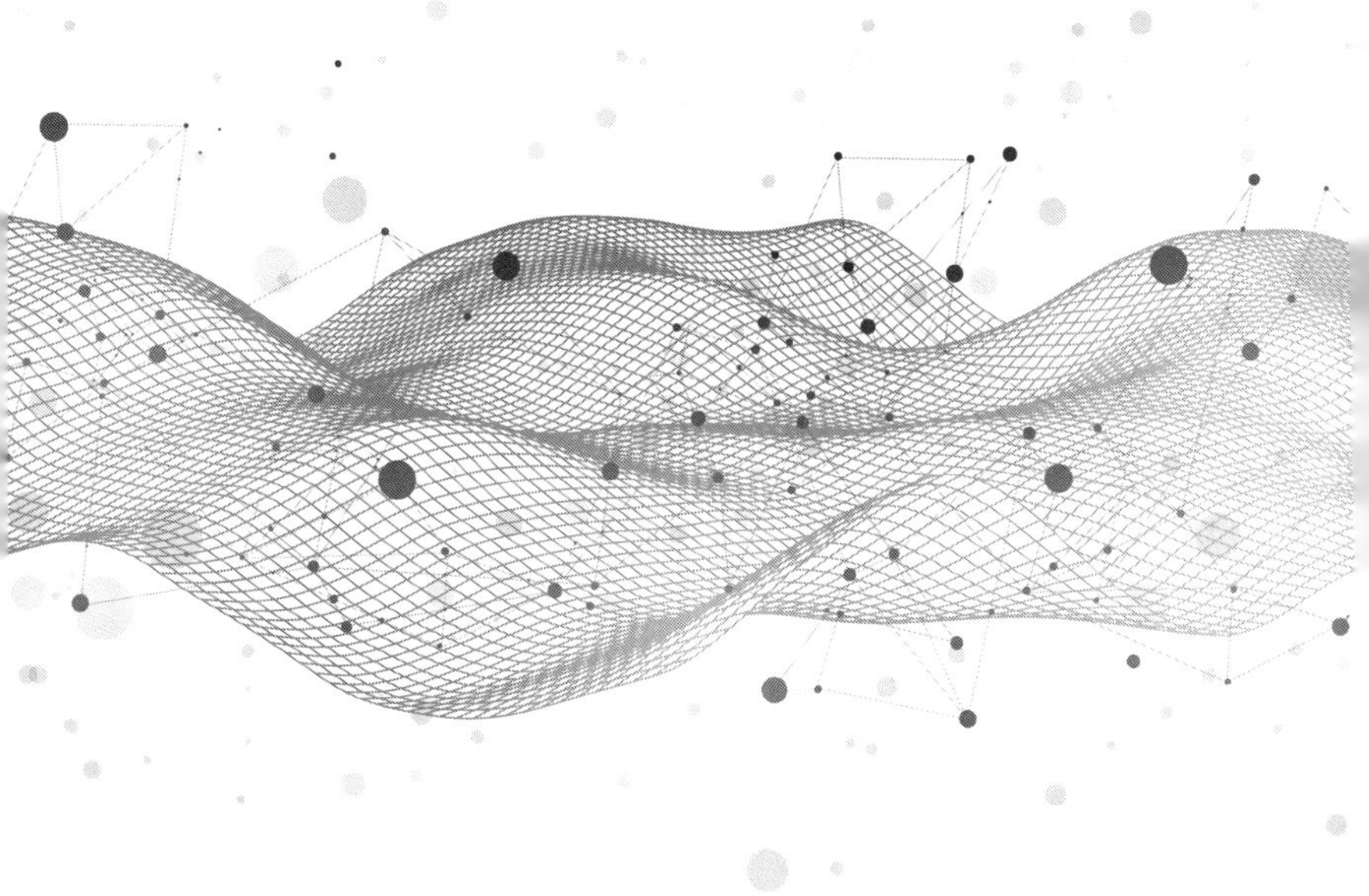

「人付き合いが増えるほどマインドレスネスになる」と知る

現代社会において、僕たちは人間関係が増えるほど、マインドレスネスな状態になってしまいます。そのため、自分自身で**人間関係を意図的にシンプルに保つこと**が大切になります。

意外に聞こえるかもしれませんが、**人付き合いを減らすことで、心の負担を減らし、より豊かな人間関係に集中できる**ようになります。

人間関係が多すぎると、脳は常に多量の情報を処理することを求められ、リソースがどんどん奪われていきます。

それが**大きなストレス源**となってしまいます。

だからこそ、**人間関係を見直し、必要最低限に保つことで、これらのストレスを大幅に軽減できる**ようになります。

人間関係を見直すことのメリットはたくさんあります。

まず、集中力が格段に向上します。過度な人間関係に使われるエネルギーを節約できるため、目標達成や願望実現に必要な活動に集中できるようになります。

例えば、**質の高い学習や効率的な時間管理、持続可能なモチベーションの維持**などです。これらはすべて、自己成長を促進し、夢の実現に直結する大きな要素となってくれます。

また、**創造性が豊かになることにもつながります。**

人間関係が少ないことで、脳のリソースを削減でき、その分のエネルギーを新たなアイディアや創造的な問題解決へとつなげることができます。このようなプロセスは、余計な人間関係に気を取られることなく、自分自身の内面と深く向き合うことでようやく可能となります。

「そんなに人間関係に気を取られていないよ」

そう感じる方がいるかもしれません。ですが、日本人特有の繊細な人間関係において、**「気遣い」は想像以上の負荷**となってしまっています。**本人も意識していないうちに、多**

図表14　人間関係でのマインドフルネスとマインドレスネス

マインドレスネス
・あの人に早く連絡しなきゃ…
・どう伝えればわかってくれるだろうか…
・私はあの人に嫌われていないだろうか…
・もっと人脈を広げないと…
・あの人は自分の商品を買ってくれるかな…
・自分にメリットがないと一緒にいても楽しくない…
・この前は楽しかったけど、今回は大丈夫だろうか…
マインドフルネス
・またあの人に会えるのが楽しみ!
・とりあえず本音を伝えてみよう!
・相手がどう思っているかより、自分がどう思っているかを大切にしよう!
・今ある人脈を大切につなげていこう!
・自分の商品を気に入ってくれても、そうでなくてもどっちでもいいや!
・一緒にいるだけで時間を忘れるほど楽しい!
・今この瞬間を楽しもう!

くのエネルギーを消費してしまう原因となります。

だからこそ、意識的に人間関係を見直し、**真の価値のある関係にだけフォーカスすること**が、心の健康を保つ上で非常に重要なのです。

うわべだけの人付き合い（＝余計な人間関係）には、過去のトラウマや将来の不安などの**ネガティブな感情が絡み合うこと**が多いものです。

そうなると、「今」を生きることができなくなる可能性があります。まさにマインドレスネスの原因と言えます。

それに対して、**豊かな人間関係（＝本質**

的な人間関係）の場合は、過去や未来の損得勘定に縛られることなく、**今この瞬間を共に楽しむことができる**ため、マインドフルネスにつながります。

このような豊かな関係では、過去の経験や未来の損得を考えることなく、**ただその時間を共に過ごす喜び**を感じることができます。なので、余計な人間関係を避け、本当に大切な人間関係に集中することが重要なのです。

「人脈は多いほうがいい」という謎の呪縛

中には、過去に受けた周囲からの影響によって「友達（知人）は多いほうがいい」「人脈はあればあるほどいい」と感じている人がいるかもしれません。

ですが、そのような**思い込み**に振り回されることなく、自分にとって本当に意味のある人間関係を築いていくことが大切です。

もし、あなたに「人脈は数が大切」という思い込みがあるとすれば、自問自答を重ねて、**自分が本当に求めているものが何か**を一緒に見極めていきましょう。

それが、豊かな人生を送るための鍵となります。

まずは、このような流れで自問自答をしていきましょう。

「いったいなぜ私は、友達（知人）は多いほうがいいと思っているのだろう？」

おそらく、次のようなことが浮かんできたのではないでしょうか。

・幼少期に「友達は多いほうがいいよ」と教えられたから
・幼少期に「友達が多くて偉いね」と褒められたから
・幼少期に「あなたなら、多くの友達をつくれる」と期待されたから

このように過去の自分自身と向き合うことで、**「友達（知人）は多いほうがいい」という思い込みを手放すきっかけ**になるでしょう。そして本当に達成したい夢や目標に向かって、不要な人間関係から解放され、エネルギーを適切に投資できるようになります。

人間関係の質を高め、無駄な関係を省くことは、単純に心の平穏を保つだけでなく、自己実現への道を切り拓くことにもつながります。

人脈を闇雲に広げようとしてはいけない

多くの人々は「広い人脈こそ成功への鍵」と考えがちですが、**本当に重要なのは「人間関係の質」**のほうだと僕は考えています。この点について、具体的に掘り下げていきましょう。

人脈を広げることに力を入れている人は多いですが、実際には、成功のためには特定の環境の方々との仲を深めることが大切となります。**目標達成までの道のりで、お互いサポートし合える人物が、特に重要な存在**となります。

例えば、僕が「ベストセラー作家」として大成功を収めたいとしましょう。**(本当にそう思っています。(笑))**

僕自身の頑張りはもちろん必要ですが、同時に業界内の専門家や、業界に直接的な影響を及ぼすことができる人物の協力も必要になってきます。

・僕が書きたいテーマに精通している敏腕編集者さん
・本のデザイナーさん、文字を組んでくれるＤＴＰの技術者さん
・書店さんとの橋渡し役となってくれる営業パーソンの方々

・全国の書店員さんたち
・マーケティングに長けたプロモーションの担当者さん
・親愛なるファンのみなさん
・**僕の本の存在に気づいてくれた、あなた**

一方で、僕が異業種交流会や、より広範囲のオンラインイベントなどに参加し、多くの方々と出会ったとしても、それらの出会いがすべて〝有益〟であるとは限りません。

そこで出会える方々が、いくら「超一流の人」だったとしても、僕のプロジェクトにまったく無関心であれば、お互い**うわべだけのお付き合い**になってしまうからです。

これでは当然、両者とも脳のリソースを無駄遣いし続けることになってしまいます。

そうならないためにも、マインドフルネスを心がけた毎日を送り、無意識を活性化させておくことです。すると、**不思議とひょんなところから願望実現のためのキーパーソン（重要人物）が現れること**があります。**これこそが無意識の本当の魔力です。**

僕もこれまで何度も**「無意識の奇跡」**に助けられてきました。

「まったく知らない人と知り合ったり、仲良くワイワイしたりするのは楽しいことですよ」

そんな声も聞こえてきそうです。

僕もその気持ちはよくわかります。

ただ、ここで焦点を当てているのはあくまで「願望実現のため」の考え方です。人生という限られた時間内に、自分自身の本当の願いをスムーズに実現させるためには、どうすれば良いかという話です。

人生はあなたが思っている以上に、意外と早く進んでいってしまうものなので。

成功のために特定の人々と深くつながる

ある目標を達成したいとき、誰が本当に重要な存在なのかわかりにくい場合はどうすれば良いのでしょうか?

そんなときは、自分が主催する大切なイベントに**「誰を招待するか」**という視点で考えてみると良いでしょう。

例えば「結婚式の二次会に誰をお招きするか」を考えると、より大事な人が誰か、浮き彫りになってくるはずです。**ここでは「社交辞令」は必要ありません。**

僕の例で考えれば、「自分の著書の出版記念パーティーに誰を招くか」ということになります。

このようにしてリストを作成することで、誰が自分の人生において重要な役割を果たすのかを明確にできます。

重要なことは、今すでにある人脈を大切にするということ。その中の一人が、あなたにとってのキーパーソンとすでにつながっている可能性は十分にあるからです。つい新たに人脈を広げたくなりがちですが、無意識の活性化のためにも、さまざまな過多を減らし、本当に大切な人間関係にフォーカスすることがポイントです。

このように「人脈」と向き合うことは、ただ闇雲に関係を広げるよりも、はるかに効果的です。**自分の目標に直結する人々との関係を深める**ことで、エネルギーを最大限に活用し、最終的には自分自身の夢や目標の達成に近づきやすくなります。

これは、**無駄な社交から解放され、自分自身の真の望みに集中するための戦略的なアプローチ**です。

「損得勘定」を捨てる

損得勘定を捨てることで、人間関係の本質的な価値が見えてきます。

純粋な判断ができるようになり、過剰なストレスから解放されます。そして心の余裕が生まれ、**マインドフルネスな状態にまた一歩近づけます。**

すると、将来への不安や過去のトラウマといった、心の重荷から自由になれます。自分自身とより向き合うことができ、**心に真の平和**をもたらすことができます。

なので、僕がここでお伝えしたいのは、「損得勘定を捨てること」の重要性です。

損得勘定を捨てることで、心に余裕が生まれ、高いレベルでの自己実現に向かっていくことができます。

損得勘定まみれの人間関係とは

では、「損得勘定」の定義とはどのようなものか、一緒に考えてみましょう。

「損得勘定が働くとき」とは、例えば交流会で「この人は自分の商品を買ってくれるかもしれない」と考えたり、影響力のある人物に近づいて自己の利益を追求しようとしたりするような瞬間です。

このような損得勘定は、人との純粋な関係を築く上で障害となります。

人付き合いの真の楽しみや充実感は、数字や利益を超えたところにあります。

例えば、親しい友人と遊ぶときや、自分を理解してくれている人と充実した会話をしているときです。

そこで数字や成果を追い求めようとすることはないはずです。

そこにあるのは、**相手と〝その瞬間〟を楽しむ喜び**ではないでしょうか。

ですが、僕たちは無意識で相手から自分への〝良い影響〟を期待してしまうことがあります。

「いつかは、自分にメリットがあるように行動してくれるのではないか」

このような思い（計算、打算）が行きすぎると、「今」を楽しむことからどうしても離れてしまいます。つまりマインドレスネスな状態に陥ってしまうのです。

このように**損得勘定に満ちた付き合いは本質的な付き合いではないため、神からもやがて見放されてしまいます。**

人間関係を利益追求の手段としてしか見ていないからです。

このように損得勘定を捨てられない場合、心に余裕がなくなります。

将来の計算や帳尻合わせのために、脳のリソースが消耗されているからです。

そもそも人間関係における悩みの多くは、このような損得勘定に基づいた打算から生じます。

そこから解放されると、脳に大きなスペースが生まれ、今に集中したり、自分の夢を余裕を持って描くことができるようになります。

結局、**損得勘定を超えたところにこそ真の人間関係、本質的な付き合いがあり、そこには想像を超えた価値が存在する**のです。その価値を大切にし、心からの関係を育んでいくことが、自己実現への近道となります。

理想的な人間関係とは

理想的な人間関係、真の人間関係、本質的な付き合いについて考えてみましょう。

それは一言で言うと、シンプルに**「一緒にいるだけで楽しい」**と感じられる関係のことです。

無条件で楽しめるかどうか、また、**時間が経つのを忘れるほど相手との時間を楽しんでいるかどうか**が判断基準となります。

このような関係の相手とは、長い時間一緒にいても、あまりに楽しく充実しているため「時間が経った」と感じないことすらあるほどです。

もちろん、常にそのような相手と過ごせるわけではないかもしれません。

仕事においても、必ずしも理想的な人間関係を選べるわけではありません。

ですが、どのような関係であったとしても、**その中で「学びや成長を見出していこう」**

という姿勢がとても大切です。

たとえ「相性が悪いと感じる相手」であっても、その付き合いから何かを学び、いつでも自己成長につなげることができます。

相手のプラスの面を自分から探してみることで、楽しみながら効率的に時間を過ごせるようになり、結果的に仕事の効率も上がるでしょう。

その際に重要なマインドセットは、**「自分が楽しむことを選んだ」**と自覚することです。

例えば、**気が乗らない相手と関わる必要がある場合でも、その瞬間を「楽しむ」と決めるかどうか、前向きに取り組むかどうかは、すべて自分で決めることができます。**

いったん自分で「楽しむ」「前向きに取り組む」と決めれば、時間が早く過ぎることを体感できるでしょう。そして、その経験がプラスとなり、人生における人間関係を豊かなものへと変えることができます。

ネガティブな印象を持っている相手にも、反抗や疑念など負の感情ばかりではなく、**自然とリスペクトの念も湧いてくる**ようになるはずです。

わざわざお金と時間をかけて新しいことを学ぶのではなく、**「今」すでに目の前にある人間関係から吸収する**のです。**これこそ人間関係における、無意識の魔力です。**

ミラーニューロン理論とは何か？ ──「自分の近くにいる人」を大切にする

「ミラーニューロン理論」をご存じでしょうか。

この理論によると、僕たちは自分の周りの人々の行動、感情、さらには思考パターンまで無意識のうちにマネしていることが多いようです。

例えば、仕事や勉強において、モチベーションが高いコミュニティーに属していると、苦手なことでも「私も頑張ってみようかな」と前向きに取り組めた経験はありませんか？

このミラーニューロン理論を知っておくことで、僕たちは**自分の人間関係をより大切にし、さらに願望実現に近づいていく**ことができます。

自分が実際に行っていない動作でも、
脳内では「まるで自分がしている」
かのように認識する
おいしい

ミラーニューロン理論

なぜこのようなことが起こるのでしょうか。僕たちの身体の中ではいったい何が起こっているのでしょうか。

実は、**自分が実際に行っていない動作でも、脳内では「まるで自分が動作している」かのように認識する機能が、人間には備わっています。**その鍵を握るのが「モノマネ細胞」とも呼ばれる「ミラーニューロン」です。

ミラーニューロンとは、**脳の前頭葉の運動前野にある神経細胞**のことです。

イタリア・パルマ大学の神経生理学者ジャコモ・リッツォラッティらによって1996年に発見されました。

周りの人たちの動作（行動）に対して、鏡（ミラー）に映したかのように反応することから「ミラーニューロン」という名前がつけられました。

人間には、動作をしているのが自分であろうと他者であろうと、行為や考え方、感情を自身に結び付けて考える**「共感する力」「マネする力」が備わっている**というわけです。

ミラーニューロン理論でさまざまなことが説明できる

例えば次のような現象も、ミラーニューロン理論で説明がつきます。

・映画で主人公がおいしそうなご馳走を食べているのを見て、自分も空腹を感じた
・スポーツ中継で選手が点数を獲得し、観客が喜んでいるのを見て、自分も興奮した
・ドラマで主人公が泣いているシーンを見て、自分も涙が出た

このように僕たちは、自分自身でも気づかないうちに周囲の影響を強く受けています。

僕たちは自分自身の意思だけで行動しているように思えますが、**意外と周囲の人たちや環境に左右されやすい**のです。

つまり、**ミラーニューロンをうまく味方につけると、自分で無理に頑張ることなく、環境の力によって自動的に願望実現に近づくことができる**ということです。

理想の人や成功者と接することで、自動的に引き上げられていく

「人に影響される」というとネガティブな印象を持つ方もいるかもしれませんが、**ポジティブな影響を受けるように自分でコントロール**をすれば良いのです。

例えばあなたが健康的で理想の体形を手に入れたい場合、規則正しい食生活や、運動習慣を行っている人をよく観察することで、**ミラーニューロンが働き、その理想に近づくこと**ができます。

ビジネスで結果を出したい場合でも、営業やプレゼンが上手な人のやり方を何度も目に焼き付けることで、**ミラーニューロンが働き、あるべき姿に導かれていく**ことでしょう。

一番効果的なのは**「身を置く環境を整えること」**です。

理想的な人、同じ目標（夢）や似たような目標をすでに達成した人（＝成功者）と一緒に過ごす時間をつくったり、接触する回数を意図的に増やしたりするわけです。

つまり**成功者がどのように日々を過ごし、どのように困難に対処しているかを間近で見て感じることが、自分自身のスキルやマインドセットの向上に直接つながる**というわけです。

これこそ**成功への近道**とも言える戦略であり、**あなた自身のポテンシャルを最大限に引き出す方法**です。

実際、多くの成功者が**「自分が尊敬して目指すべき人物と頻繁に接することで、自分もそのレベルまで引き上げられた」**と明かしています。

身近な人の影響力は、意外と大きい

例えば**「自分の年収は最も親しい5人の平均年収である」**という説をご存じでしょうか。

自分の身の回りの5人の質を高めることが、自分の成長に直結します。

「You are the average of the five people you spend the most time with.」

この言葉はアメリカの起業家で、若い時期から一流企業のコンサルタントとして活躍し、31歳で億万長者になったジム・ローン氏の言葉です。

つまり人は、**収入、生活水準、金銭感覚、時間感覚、趣味、思考、価値観……。あらゆる面で周りの人の影響を大きく受けてしまう**のです。

悪い例で言うと「他人の悪口ばかり言う人」が周りにいると、自分もそうなります。

良い例で言うと「成長欲の強い人」が周りにいると、自分もそうなります。

「年収1000万円超のビジネスパーソン」が周りにいると、自分もそうなります。

非常にシンプルな話です。

これは学生さんにも、ビジネスパーソンにも、主婦の方にも共通して言えることです。

「こんな風になりたい」という人が近くにいれば、その人をモデルにして、自然に努力を重ねられるようになります。これは**無意識の中で行われるので自分では努力とも感じ**

なくなります。つまり**自動的に成功できるということです。**

僕の体感では、設定するモデルの人数は3～5人が最適でしょう。

実際に僕自身もこのことを意識して、入るコミュニティーや学ぶ環境を選んでいます。

「でも、身近に理想の人物なんて、一人もいません！」

そんな方もいらっしゃると思います。でも安心してください。大丈夫です。

理想の人が身近に存在しなくてもいい

ミラーニューロン理論は直接的な人間関係だけでなく、**バーチャルな関係性においても有効**です。

物理的に、実際に接するほうが良いのはもちろんですが、そうでなくても影響を受けることは十分可能です。

例えば、**YouTubeやブログ、SNSなどの発信を通じて、成功者の思考や行動に触れることで、その人と同じような思考パターンや行動パターンを身につけることができます。**

これだけネット社会が発達、充実しているので、理想のモデルから学びを得る機会は、

世の中には良い影響を受けるチャンスがたくさん

豊富にあります。

なので身近に「理想の人」が一人もいなくても大丈夫、**自信を持ってください。**

ポイントは、**「1対1」により近い刺激を得られる手段、臨場感の高い手段**を選ぶことです。

刺激を受けやすい順に挙げると、次のようになります。

（オンラインよりもリアルのほうが臨場感は高くなりますが、**オンラインを取り入れて頻繁に触れることも効果的**です）

・1対1（マンツーマン）で話す
・少人数で会話ができるお茶会に参加する
・大人数が参加するセミナーや講座に参加

する
・自宅で動画や音声を視聴する
・自宅で本を読む

この中で取り入れられるものを、1つではなくできるだけ多く取り入れることで、より効果的に良い影響を受けることができます。

ミラーニューロン理論を効率良く実践する方法

また、このような学びの機会の前には、**「心に余裕を持つこと」**が大切です。
次のような2段階で、学びを進めていくイメージです。

【第1のフェーズ】
・損得勘定を手放したり、社交辞令しか言わないような**「深く付き合わない人」を決めたりする**ことで、心に余裕を持つ

【第2のフェーズ】

・心に余裕を持てた状態で、理想のモデルに触れる機会を増やす
その人の良い影響を自分自身（潜在意識）に刷り込んでいく

現代では、ミラーニューロンという存在が科学的に解明されているので、それをうまく逆手に取れば効率良く理想の自分に近づいていけます。

原始人よりも科学の力を借りやすくなっているので、ありがたいですよね。

このようにして**「自分の近くにいる人」を自分で決めることから始めていきましょう。**

（理想の人との接触が増えると、「深く付き合わない人」がより浮き彫りになります）

「自分の家族は、みんな意識が低いから、私も成長や成功とは程遠い……」

「職場の人たちは向上心のない人ばかりだから、私もつい流されてしまうんです……」

そんな方でもまったく問題ありません。

学びのコンテンツが充実している現代においては、このように言い訳することはもうできませんよ。（笑）

人はあなたをそんなに見ていない

僕たちは他人の視線を気にしすぎて、ストレスを抱えてしまうことがよくあります。

これは**「人付き合い過多」による最大の弊害の1つ**と言えるでしょう。

なので、そのような傾向を理解しておくことが大切です。

「他人の視線を気にしすぎている」と感じたら、どうすれば良いのでしょうか。


実は、**あなたが思っているほど、周りはあなたに注目していません。**

多くの人は**「自意識過剰気味」**と言えます。なので**気にすれば気にするほど、脳のリソースを無駄にしてしまうだけ。**

「周りの人はあなたをそんなに見ていない」というマインドセットに修正するだけでも、心に余裕が生まれ、人生をより楽しむことができます。

「そう言われても、人の目が気になってしょうがない」

そんなときは、相手の立場になって考えてみましょう。

例えば、あなたが日常でどれほど他人の細かい部分まで気にしているかを振り返ってみてください。

たいていの人は自分のパートナーや親しい友人のことさえ、そこまで詳細には考えていません。この事実から**「周りの人はあなたをそんなに見ていない」**と納得できるはずです。

「鏡の法則」がわかれば人間関係の不安を解消できる

さらに、人間関係における不安を解消する鍵として**「鏡の法則」という非常に大切な原理原則**があります。これを理解することで、自分の内面や考え方が、どのように他人に影響を与えているかがわかるようになります。

「相手の態度や反応は、自分の態度や気持ちを映し出したもの」と説くシンプルな法則です。

自分の心のあり方が〝相手〟という〝鏡〟を通じて、自分に返ってくるということです。

相手が気に入らない態度をとってきたら、それは**あなたの中にも同じ「気に入らない要素」があること**ということです。

反対に、相手が好意的な態度をとってくれたら、**あなたの中にある同じ「好印象の要素」が反応をしている**ということになります。

あなたがもし「人の目が気になってしょうがない」のなら、それは、**あなた自身の見方や態度に原因があるのかもしれません。**

視点を変えることで、相手をフラットに見ることができます。

具体例を挙げてみます。

【社会的に不利な立場にあるホームレスの人を見たときの感情】

・一般的な視点

「家がなくてかわいそう……」↓**同情**

「自分もそうなるかも……」↓**恐怖や不安**

←

かわいそうだな…

「かわいそうだな…」と思ってしまうということは、そう思っている本人の中にも「かわいそうな要素」があるということです。

相手の印象を受けて自分の心の中を深掘りすることで、自分の視点を変える大きなきっかけとなります。

自由で楽しそう!

「自由で楽しそう!」と思えるということは、自分の中にも「自由で楽しい要素」があるということです。

さらにここから「なぜそう思えたのか?」と深掘りをすることで、今まで気づかなかった"自分の魅力"を認識することができます。


鏡の法則のメカニズム(視点を変える前と変えた後)

・視点を変えた後
「自由で楽しそうだな！」→**前向きな感情**
「この人もいろいろ頑張ってきたんだろうな。自分も悔いのないよう頑張ろう」→**新たな気づきや学び**

このように自分の視点を変えることで、相手の見え方がガラリと変わり、ぐるぐると考え続けてしまう「思考過多」もピタリと止められます。

結果、自分の価値観を拡大し、より人としての器も大きくなります。

つまり「自分が他人からどのように見られているか」に不安を感じてしまう人は、「自分はこう思われているんじゃないか」と先回りして考えてしまい、それで頭がいっぱいになってしまうわけです。

自分自身の過去のトラウマと結び付けたり、「またこんな風に見られているかもしれない」という苦しい記憶と結び付けたり。

一言で言えば、マインドレスネスな状態です。


そんなときこそ、原始時代を思い出してみましょう。もし他人の目を気にしてばかりいたら、逃げ遅れたり、飢え死にしたり……。生存そのものが危ぶまれたでしょう。

だからこそ「今」だけに集中して、**目の前にある世界は「自分自身の鏡」**であることをいったん受け入れてみませんか。

「この人から何を学べるか？」を考える

「それでもまだ、人の目が気になってしょうがない」

そんな人は、**「この人の生きざまや経験から、自分は何を学べるだろうか」**と考えてみることをおすすめします。

このように**視点をガラリと変えることで、人間関係は１８０度変わります。**

これは、**人との関係を通じて自分自身が成長することのできる素晴らしい方法**です。

つまり、頭の中で人間関係について思い出してしまう場合も、**僕たちが焦点を当てる方向は、自分自身**です。

他人が自分をどう見ているかではなく、自分が自分自身をどう見ているか。ここが重要です。

ここまでのお話をまとめると、他人のせいにする「他責思考」ではなく、自分に責任を求める**「自責思考」**に切り替えることです。

「すべて自分の責任」と考えると厳しく聞こえますが、**「すべて自分で決められる」**という言葉に変えるとどうでしょう？

自責思考とは、**すべて自分で決めることができるという、究極的に自由な考え方**なのです。

「このような現実をつくっているのは自分だ」と気づいて受け入れると、あなたの鏡である相手も変わり始めるでしょう。

他人のすごさに気づけるあなたはすごい

他の人のすごさに気づいたとき、驚かされることがあります。

「そんな実績があるんですか。すごいですね」

「そんな経験をしたんですか。すごいですね」

「そんなに手間がかかっているんですか。すごいですね」

「そんなに頑張ったんですか。すごいですね」

単なる〝驚き〟を通り越して、憧れ、尊敬の念が湧いてくることもありますよね。


そう感じられたあなたは、幸せです。

なぜなら、**そう感じたあなた自身も「すごい」**からです。


「私なんて、あの人と比べたらまだまだ力不足で恥ずかしい」

このように卑下したりして、嘆いたりして、**自分の〝不足〟に目を向ける必要はありません。**

「他人のすごさ」に気づくことは、他人を単に評価しているだけではなく、**自分自身の内面にある「すごさ」に気づいているのと同じこと**だからです。

人が他人の特性（成果など）に感動するのは、**その特性が自分自身の中に潜在的に存在しているから**です。

つまり「そんなに頑張ったんですか」と他人の頑張りに感動できた人は、自分自身も「頑張った経験がある」ということになります。

（ただし、「頑張る分野」は、その人とはまったく異なることがあります）

例えば、僕が大谷翔平選手を見て「やっぱり努力家で、すごいなぁ」と感じたとしましょう。僕がそう「感じられた」ということは、実際には僕自身の中にも、「努力する能力」が潜在的に存在しているということです。

だって、そうでしょう？

自分にも実際に努力した経験がないと、努力をした他人を見ても「努力家で、すごい

図表15　他人のすごさに気づく＝自分の中にも同じものがある

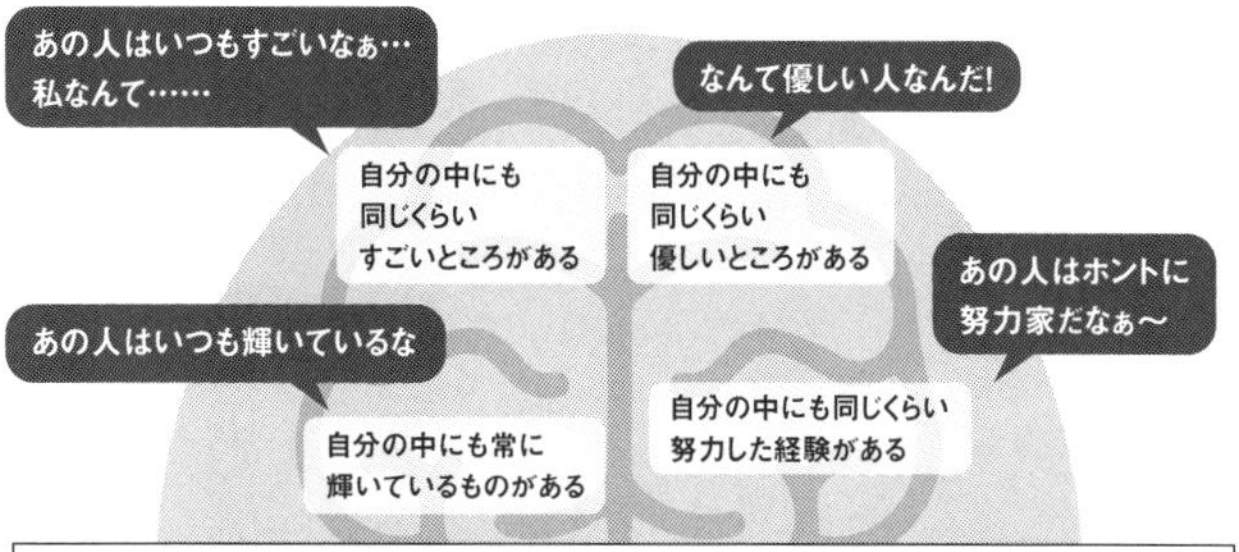

相手を「○○だ!」と思っていることも、すべて自分の中にある「同じ要素」が反応しているだけ。なぜなら、自分の中になければそうは思えないから。例えば、自分が努力した経験がなければ、相手が努力したのかどうかもわからないはず

なぁ」とは気づけないですよね？

このように、人は**自分自身に存在する特性を、他人に〝投影〟する**ことが多いのです。

あ、失礼いたしました。この「投影」という言葉は、心理学の用語です。

わかりやすく解説してみましょう。

「投影」とは、フロイトが提唱した概念の1つです。

自分の中にある特性を、まるで他人が持っているかのように感じる心の動きのことです。

前述した「鏡の法則」と似ていますね。**「鏡の法則」**とは**「相手の態度や反応は、自分の態度や気持ちを映し出したもの」**でした。

いずれにしても、「投影」とは日常生活の中で、誰にでもよく起こることなんです。

この現象を理解しておくと「自分もすごい」と自己肯定感を高められるため、無意識のレベルで自信を持つことができます。

つまり、**他人の長所を認めることができれば、同時に自分自身の長所も浮き彫りとなり、無意識を活性化させていくことにもつながる**ということです。

他人の素晴らしさに感激する機会を通して、自分自身の潜在能力にも気づけるってすごいことですよね。

他人のすごさに気づけるあなたは、間違いなく素敵な人です。

他人に共感できたら「自分褒め」のチャンス

誰かの努力や成果に感動できることは、自分自身の努力を認めることができることであるというだけではありません。

「私もこんなに頑張ったことあるなぁ」という「共感」が存在すると思いませんか？

例えば、子育ての例を見てみましょう。

新しい命を育てる出産直後の母親は、誰が見ているわけでもない環境で、24時間態勢で赤ちゃんの世話をします。

「自分のやりたいこと」「自分の都合」なんてすべて後回しです。

自身の体力、気力、時間を削って、我が子のためにすべてを捧げるわけです。

それは誰かに褒められることを期待しているからではありません。

純粋な愛情、そして使命感があるからです。

睡眠不足や体力低下などの極限の状況で命を守り、育てるという究極の責任を果たしているのです。

このような母親の姿を見れば、大きな努力（犠牲）を払っていることが明らかなので、誰もがその頑張りを認めます。**おのずと頭が下がるでしょう。**

同時に、**自分自身が「努力」したことのある経験が思い出され、「自分もそうだった」と共感の感情が湧き起こるのです。**

男性であれば、大切なプロポーズの瞬間に集中して勇気を振り絞った経験や、学生時代に受験勉強を通じて目標に向かってコツコツと努力を重ねた記憶など、**それぞれが自身の努力を思い出す瞬間があるはずです。**

そんな瞬間が訪れたら、**過去の自分自身をすかさず褒めまくる**ことをおすすめします。すると、自分に対しての自信が湧き、自己肯定感がアップし、無意識を活性化させていくことができます。

「プラスの方向に感情が揺さぶられると、活性化する」無意識にはそんな特徴が備わっているので、それを逆手に取れば良いのです。

そういった意味で**「自分褒め」は非常に有効です。**過去の自分についてでも構いません、どんどん褒めてあげましょう。

「嫉妬すること」は「ほしくないこと」

ここで1つ気をつけてほしいことがあります。それは「憧れ」「尊敬」「共感」といったポジティブな感情ではなく、**「嫉妬」「羨望」のようなネガティブな感情が起こるケースです。**

僕のクライアントのGさんは、他人の「明るく楽しい性格」を羨ましく感じていました。

それは「嫉妬」や「羨望」ですよね。

その場合、Gさんはその「明るく楽しい性格」という素質を**本心では望んでいないと捉えて良いでしょう。**

なぜなら、**もし本心で望んでいる場合は「憧れ」「尊敬」「共感」という健全な反応を示したはず**だからです。Gさんの無意識が拒んでいるからこそ、「嫉妬」「羨望」のようなネガティブな反応になってしまうのです。

つまり、**本質的な意味では求めていない**わけです。

一見Gさんは「明るく楽しい性格」に自分もなりたいように見えますが、**「そうなりたいとは真剣には思っていない」**という意味です。

このように「本質的には求めていない」と自覚することが、まずは大切です。

そして、次のように冷静に自己分析ができれば最高です。

「僕は友人に嫉妬はしているけれど、彼のようになりたいとは、おそらく思っていない。それなら、今の自分のままで良いんじゃない？　自分には自分なりの魅力があるんだし。その魅力をこれからもっと磨いていこう」

僕はGさんのことをよく知っていますが、数多くの長所があり、**人から愛される存在**

です。

そんなGさんに必要なのは「明るさや楽しさを、今から必死になって身につけること」ではないはずです。

このようにありのままの自分を認め、他人と比べることから解放されると、その人独自のユニークな価値や才能を認めることができるようになるため、より豊かで充実した人間関係を築けるようになります。

（それに伴い、**不要な人間関係はおのずと消えていく**はずです）

この「ありのままの自分を認めること」を**「自己受容」**と呼びます。

自己受容とは、その人が置かれている現実の状況を、素直に受け入れることです。

人が置かれている状況には、自分の意思だけではコントロールできないものが多くありますよね。

例えば、身長などの身体的な特徴、性格、家族……。

「こんな自分は嫌だけど、簡単に変えられない」という部分を受け入れることが「自己受容」です。

勘違いしてほしくないのは、**自己受容とは「諦め」ではありません。**

現時点の自分を素直に認めることで、**ここからどのように生きていくかを前向きに捉えやすくなる**ため、極めてポジティブな姿勢でもあります。

「嫉妬」「羨望」する自分にもし気づくことができたなら、そんな自分をまずは認め、可能な限り「自己受容」することをおすすめします。

「羨んでしまうこと」よりも「すごい」と素直に認められる「他人の長所」こそ、あなた自身に眠っている潜在的な魅力なのです。

「他人とつい比較をして嫉妬してしまう」のも、**人付き合い過多**による大きな弊害の1つです。

ここから過多を減らし、変えていきましょう。

精神的に自由な時間をつくる

人付き合いからくるストレスから解放され、自由な時間を過ごすことは、とても大事なことです。心を自由にすることも、無意識の活性化へとつながるからです。なので、ここでは「精神的に自由な時間をつくる」というテーマについて、詳しくお話ししていきます。

「精神的に自由な時間」とは「物理的に自由な時間」とはまったく異なります。

例えば休日。自宅にいて物理的には仕事をしていなくて、身体的には〝自由〟だったとしても、職場の嫌な同僚や、仕事の進捗状況などさまざまな出来事について脳内でグルグル考えていたとしたら……。

それは脳が十分に休まっていないので「精神的に自由な時間」を過ごしているとは言えないでしょう。

（もしそれが「こんな事業をしたい！」「これを企画に活かしたい！」というようなポジティブな思考なら、無意識にまでワクワクが伝わるので、むしろプラスになり得ます）

ここで共有したいのは、**自分自身が本当にやりたいことができている時間や、今を感じるマインドフルネスな時間、さらには自分の願望実現に向かうための時間を戦略的に増やそう**ということです。

そもそも僕たち現代人は、非常に真面目です。日本人は特にその傾向が強いと感じます。

例えば、休憩時間にもかかわらず、昼食を急いで済ませて仕事のメールをチェックしたり、午前中に終わらなかった仕事を片付けたりする人は多いものです。

これらの行動は確かに勤勉で、職務に忠実で真面目です。それは素晴らしいことのように思えますが、**人間にとって「きちんと休むこと」は、実は勤勉さ以上に重要です。**休むことで脳はリフレッシュされ、午後の活動に向けて準備が整います。

なので**「きちんと休むこと」も仕事のうち**だと捉えていいはずです。

休憩中も休日もマインドレスネス

もちろんそれが理想論だというのは、僕も重々承知の上です。

僕自身、かつてサラリーマンだった時期は、お店のために、お客のためにと、1日17時間以上働いていました。なんなら、毎日家に帰る暇もなかったので、毎日お店に寝泊まりして、シャワーは出勤前に近くの漫画喫茶で浴びていたほどです。つまり、常にお店やお客のことで頭がいっぱいでした。

休憩時間として「物理的に自由な時間」を過ごしながらも「あのお客は大丈夫かな」「次はどうやって喜ばせようかな」などと、考え続けていました。

その中には「いくら考えても答えの見つからないこと」も数多くありました。

その影響で、休日も大して休めず、大半

を無駄な思考で浪費していた、と言えるかもしれません。(笑)

ただ、今思えば**「この時期の経験があったからこそ、今の僕がいる」**と考えれば、何一つ無駄なことはないと言えます。**今では感謝しかありません。**そう思えるようになったのも、その後試行錯誤を重ねて「精神的に自由な時間」を取るように心がけたからです。

マインドフルネスの観点から見ても「精神的に自由な時間」は貴重ですし、あらゆる人にとって必須の時間です。なので、自分は「精神的に自由な時間」を十分に過ごせているか、あるいは少ないと感じるか、あなた自身を振り返ってみてほしいと思います。

現代人は「自由」を意識的に取り戻すべき

「精神的に自由な時間」とは何か、再度一緒に考えてみましょう。

それは、仕事から一時的に離れることだけでなく、**人間関係に囚われないこと。**そして何よりも**自分自身が心から楽しいと感じる活動に没頭すること**を意味します。**何もせ**

ずただリラックスする時間も含まれます。

例えば**スマホの電源を切って、完全にオフタイムを楽しむ、大好きな趣味に没頭する、瞑想に取り組む**など、自分なりのリフレッシュ方法を見つけることが大切です。

そうすることで、日常の縛りから解放され、**自分の望むパフォーマンスが向上**したり、**願望実現につながるような達成感を味わえたりする**わけです。

ここで一番伝えたいのは、**人は誰でも本来自由であるべき**だということです。

もちろん、生きていくために「やらなければいけないこと」は必ずあります。

でも、それらに流されてしまっては、やりたいこともできず大変なことになります。

なので「自由」を意識的に取り戻す必要があります。

「やらなければいけないこと」は済ませた上で、「精神的に自由な時間」をうまく捻出し、その**自由を最大限に活かしていくことが、自己成長や願望実現への道を切り拓く鍵となる**のです。

僕たちが本当に「心から解放される」には、**まずは自分自身の状態を認識すること**から始める必要があります。

例えば、**自分が休んでいるはずの時間に、「実際にはさまざまなことを考えてしまっている」という自覚**が必要です。

これは、特に個人事業主や経営者に多い現象です。

彼ら彼女らは時間的な自由は人よりも多く持っているかもしれませんが、無意識のうちにビジネスのことを考えたり、スマホをいじったりしてしまうことが多いのです。

このように、自分が何をしているのかをしっかりと認識することが、真の解放への第一歩となります。

タスクを書き出せば、脳の負荷を軽くできる

次に重要なのが、その認識したことを紙に書き出すことです。これは、**自分の頭の中を整理し、一時的に忘れても良い状況を意図的につくるため**に非常に有効です。

例えば、ある日のタスクや考えていることをすべて書き出してみると、脳の負荷を軽減し、心に余裕をつくることができます。

【タスクを書き出す例…ビジネスパーソンの仕事編】

◎経理部に伝票を再提出する
◎A社に見積書を作成して送る
◎部長のお見舞いに行く
・出張用の切符をネットで購入する（明日でも可）
・パソコン画面上のアイコンを整理する
・不要なデータをそろそろ捨てたい

【タスクを書き出す例…ビジネスパーソンのプライベート編】

◎クリーニング屋さんへ行く
◎ネット通販でトイレットペーパーを注文する
・ベランダの掃除をする
・観葉植物を買いに行きたい
・そろそろ衣替えをしたい

タスクを書き出すことは、ビジネスパーソンだけでなく、学生や主婦でも有効です。普

段無意識で「あれをやらなければいけない」「これもしたい」など、ぐるぐる考えてしまっていることを書き出すことで、同じく脳の負担を軽くし、心に余裕を持つことができます。

【タスクを書き出す例…主婦の家事編】

◎今晩の献立を考える
◎食材や日用品の買い出し
◎家の掃除や整理整頓
・家計簿をつける
・今月の予定を考える

【タスクを書き出す例…主婦のプライベート編】

◎見たい映画を見る
◎友人とランチの予定を立てる
・心待ちにしていたドラマを見る
・今季に着たい洋服をチェックする

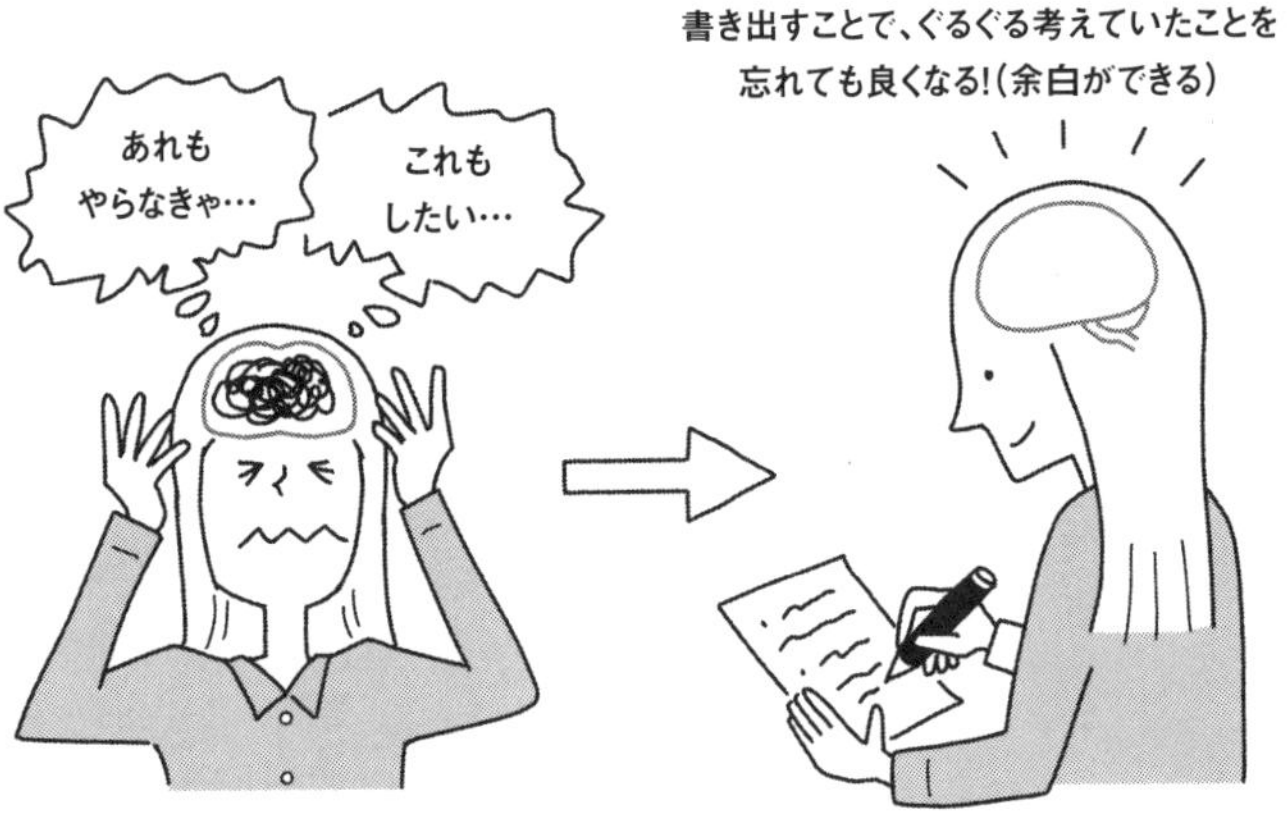

書き出すことで脳の負荷が軽くなる

自分の時間を強制的につくる

タスクを書き出した後は、いったんそれらを忘れ、短時間でも意識的に**自分だけの時間をつくること**が大切です。例えば**10分間だけでも、自分の好きなことをする。**あるいは、**ただリラックスする時間を過ごす**のです。

これにより、心がリセットされ、新たな気持ちで物事に取り組むことができます。

「タスクや考えていることを書き出すこと」「自分だけの時間をつくること」には、さらなる効果もあります。

実は、それに取り組んでいる間は**人間関係についての悩みを手放しやすくなる**んです。不思議なものですよね。

このようにスキマ時間でも構いません。**「人間関係の悩み」を完全に忘れる時間**を確実に増やしていきましょう。これにより無意識をより活性化させていくことができます。

また**「精神的に自由な時間」を過ごすと、その後のタスクの効率が飛躍的に向上します。**

人間の脳は、常に多くの情報を処理し続けるとオーバーヒートを起こしやすいため、**適度な休息と断続的な集中**が必要です。それによりストレスが減り、集中力が増し、モチベーションを維持しやすくなります。このような脳の性質を知っておくことも大切です。

より有意義に時間を使うコツ

最後に、再び仕事に取り組む際は、**優先順位**をつけることも重要です。どのタスクが最も重要で、どれが後回しにできるのかを見極め、必要であれば**他の人に任せることも**検討しましょう。これにより、一層有意義に時間を使えるようになります。

「この仕事は部下に任せられないか？」↓部下に相談してみよう

「この仕事は外注できないか？」↓上司に相談してみよう
「この仕事は手作業ではなく、機械化できないか？」↓ソフトやサービスを調べてみよう
「この作業は、ＡＩで効率化できないか？」↓ＡＩについてリサーチしてみよう
「誰か優秀な人材はいないか？」↓関連会社に声をかけてみよう
「この買い物はパートナーに任せられないか？」↓パートナーに相談しよう
「この修理を自分でやったら時間がかかるのではないか？」↓専門家に頼んでみよう

このように、人やお金のリソースを最大限に活かし、「精神的に自由な時間」を、上手に楽しみながら生み出していきましょう。

「まぁ、いいか」の魔力

ここまでお読みいただければわかるように、現代は原始時代と比べ、頭で考えなければいけないことであふれています。また、自分では気づかない間に無意識でぐるぐると考えさせられている機会が非常に多いです。

つまり、大袈裟ではなく**一日24時間常に脳がフル稼働**させられています。

その結果、**無意識を活性化する手前で疲れ切っている人**も珍しくありません。

だからこそ、リラックスをしたり、緩んだりすることもとても大切になってきます。

そうでないと、**伸ばし切ったゴムと同じで、突然バチンと切れてしまいかねません。**

そこで僕がおすすめしたいのは**「まぁ、いいか」という魔法のフレーズ**です。

この軽い一言を発するだけで、ふとした瞬間に心にゆとりを持つことができます。

シンプルな言葉ですが、思わぬ大きな〝**解放**〟をもたらしてくれます。

文字として視覚から認識するだけでなく、試しに**口に出してみてください。聴覚に「声の振動」として伝えることで、脳はより臨場感を持って「まぁ、いいか」というメッセージを受け取ることができます。**（脳はそんな仕組みになっています）

なぜこんな話をするかというと、僕自身も悩みを抱え込んで、それが目の前の大きな壁のように感じることがよくあったからです。

ちょっとでも悩みがあると、それが心の片隅に引っかかって「集中したいことに集中できない」。そんな事態に陥ってしまうこともよくありました。

なので、ピンチだと感じたり、「大変だ」と言いたくなったりしたときこそ「まぁ、いいか」と意識的につぶやき、ため息をつくようにしてきました。

「まぁ、いいか」というシンプルなフレーズには、不思議な魔力があります。問題を抱えているときでも、この言葉をつぶやくことで、自分に変化を起こすことができます。

【「まぁ、いいか」の魔力とは】

①ネガティブな感情がすっと消えて、心を緩められる
②「どうしよう」という焦りが消えて、冷静に対策を考えられる
③「世間では、よくあることだ」などと、客観的に状況を把握できる

④「専門家なら、こうするだろう」などと、違う視点から考えることができる
⑤「明日には、大丈夫だろう」と楽観性を取り戻せる

例えば、あなたが自分以外の誰かから悩みを相談されたとき、本人は「もう世界の終わり」と言わんばかりに落ち込んでいるのに、あなた自身は冷静に「○○をしてみれば？」などと淡々とアドバイスできてしまうことってありませんか？

問題を抱えている本人よりも第三者のほうが、問題を容易に解決できることが多いのです。

それは、**第三者のほうが心に余裕がある**からだろうと僕は考えています。

つまり**心に余裕さえあれば、なんでも解決しやすくなる**のです。

「それなら問題を抱えている本人でも、『まぁ、いいか』と唱えることで冷静さを取り戻し、心に余裕をつくり出せるんじゃないか」

そう気づいてから、僕はこの魔法のフレーズを活用するようになりました。

特に窮地に立たされたとき、すべてが行き詰まったように感じる瞬間に、これを実践しています。

僕のクライアントが同じようにピンチになったときも、この魔法のフレーズを唱えてもらっています。

実際、「まぁ、いいか」というリラックスした態度になることで、新しい解決策を見つけ、いくつものピンチを自力で乗り越えてこられました。

つまり「まぁ、いいか」という心の余裕を持つことが、新しいアイディアや解決方法への扉を開く第一歩なのです。

「まぁ、いいか」とは心の余裕

「問題解決には、まず能力を高める必要がある」

こう考えている人が多いかもしれませんが、何より心の余裕を取り戻すことのほうが大事だと僕は考えています。

要は「足し算」ではなく「引き算」なのです。**自分にもともと備わっているはずの〝余裕〟（空白、余白）を取り戻すことが第一**なのです。

心に余裕を取り戻すことで、頭の中が整理され、無意識も活性化し、さまざまな可能性が見えてきます。

決断力だって正常に働くようになります。

心に余裕を取り戻すことで、無意識にも余裕が生まれ、本来の可能性を最大限に発揮できます。

そのときに抱えている悩みが自然と解消されることすらあります。

結果、自分の行動や生き方を良い方向に変えていくことができます。

では、いかにして心に余裕をつくり出せるのでしょうか。

それは、前述したように、日々の忙しさから一時的に距離を置くこと。

つまり、リラックスできる時間を意識的につくることです。

もちろん人間関係から生まれる感情によって、心の余裕が奪われることもあります。

だからこそ**人間関係で大きな負担を抱えていないか、自分の心の中を観察することが大切になります。時には「適度にスルーすること」が「心の余白」をつくり出し、お互いの人間関係を良好に保つきっかけとなります。**

特に切羽詰まった状態のクライアントに対しては、**「何もしないこと」**もおすすめしています。この**「何もしないこと」により、心にさらなる空白をつくってくれるから**です。

その空白に何を入れるかは、あなた次第です。

上手に手放す方法とは

もし「まぁ、いいか」とつぶやいても心がざわつく場合、あなたは何かに固執しすぎているかもしれません。

「こうでないといけない」という固定観念や、人をコントロールしたいという思い、その他多くのこだわり（執着）など。これらのこだわりを手放すことで、いとも簡単に理想に近づくことができます。

そう、**「まぁ、いいか」とは手放すこと**です。

手放すことで、頭がクリアになり、より創造的な解決策が見えてきます。

「大事な仕事のことを、手放せるわけなんてないでしょう」

そう思った方もいるかもしれません。

でも安心してください。手放したいことがある際、「あること」をするだけで、悩みの原因である「思い込み」を解消し、心を軽くする簡単な方法があります。

それは、**手放したくないことをメモしておく**という方法です。
例えば次のように行います。

【手放したくないこと（固定観念・こだわり）の例】

・今期の営業ノルマを達成しないと
・部長に叱られないようにしないと
・今期こそはリーダーに昇進しないと
・新人Aさんのフォローを完璧にしないと
・後輩Bさんのケアを完璧にしないと
・新しいお客様に連絡をしないと
・過去のお客様のリストを見直さないと
・もっと能力を高めないと
・お金の勉強をもっとしないと
・子どもにもっと勉強させないと

いかがですか。きっとこれらを客観的に読むと、「そんなに頑張らなくても良いんじゃ

ない？」「もっと力を抜いても良いんじゃない？」こんな気持ちが湧いてきませんか？

このように一度書き出すことで、あなたの中だけにある思い込みを解消するきっかけになります。次の日に見返すこともできます。数日経ってから見返すと、「なんだ、そんなことで悩んでたの？」と思えてくるかもしれません。そうして生まれた心の余裕がとても大切です。その瞬間、ほんの少しでも良いです。好きなことをしたり、楽しいことを考えてみましょう。

一日まるまる確保することが難しければ、1時間でも2時間でも、10分でも20分でもいいんです。**好きなことだけに没頭して、「嬉しい」「楽しい」「幸せ」という感情を味わうところから始めていきましょう。**

好きなものを食べたり、好きな場所に行ったり、好きなドラマや動画を見たり。

「ちゃんと今を楽しめる」と気づけたら、大成功です。

このように、「まぁ、いいか」によって「心の余裕」が生まれ、ベストなコンディションと新たな気持ちでいつものように頑張れるようになります。**いや、むしろ頑張る必要すらないのです。**

安心して**人付き合いの過多**を手放していきましょう。

すべてに感謝の気持ちを

本書をここまで読みながら、さまざまな感情が湧いてきたのではないでしょうか。

「多くの気づきがあった」と感じていただけていたら、著者としてこんなに嬉しいことはありません。

一方、僕が心配しているのは、ご自身のつらい経験を思い出された方もいらっしゃるのではないかということです。

「大きな気づきを得られたけれど、昔の〝嫌な記憶〟が浮かんできた」

そんな方に向けて、お話しします。

思い出したくないことがよみがえってきて、あなたはつらい気持ちになったかもしれません。もしそれが不快であったなら、僕は謝りたいと思います。

でも、1つお伝えしておきたいことがあります。

あなたがその〝大きな気づき〟を得られたのは、その〝嫌な記憶〟のおかげなんです。

あなたは、**嫌な体験をしたからこそ、大きな気づきを得られた**ということです。

そのことをまず、誇りに思ってほしいと思います。


仮に、もしあなたが嫌な体験をしていなかったとしたら……。

深く傷つくことはなかったと思いますが、人生において大きな気づきを得ることもなかったはず。

なぜなら、**深い傷である「影」があって、初めて気づきという「光」に出合うことができるからです。光と影、2つそろって初めて明るい人生と言えるのではないでしょうか。**


さらに言うと、どんな種類であれ「嫌な体験」をしたからこそ、「嫌な体験をした人」の気持ちに寄り添うことができるのです。もし嫌な体験をしていなければ、その痛みを想像することすら難しかったかもしれません。

つまりあなたは**「嫌な体験」を経たことで、人生の経験値を大きく上げることができた**ということです。

レベルアップした、次元上昇できた、と言ってても過言ではありません。

なぜなら今後、同じような「嫌な体験」が再びやってきたとしても、それをよりうまく乗り越えることができるはずだからです。

もしかすると、**経験値が上がった結果、ちょっとやそっとのことでは「嫌な体験」だと感じなくなっているかもしれませんよね。**

そう捉えると「嫌な体験」にも「ありがとう」と感謝をしたくなりませんか？

もしここで感謝の気持ちが湧いてきたのであれば、「マイナス」としか捉えられなかった「嫌な体験」が、180度ひっくり返ってプラスの方向へと転換されていくはずです。

何事も「ニュートラル」を目指しましょう

多くの人が勘違いをしていることがあります。それは人生はプラスであればあるほど幸せだという誤解です。なぜなら、これまで何度もお伝えしてきているように、マイナスがあって初めてプラスが存在するからです。

だからこそ、プラスだけを目指す必要はありません。

人生は「ポジティブなことばかりが起こればいい」というわけではないのです。

「いや、私は毎日ポジティブな出来事ばかりが起きてほしい。もし、おいしい料理を毎日食べ歩いたり、毎日好きなものを好きなだけ買うことができたり、しょっちゅう海外を旅したりできたら、楽しいだろうなぁ」

こんな事を思った人もいるかもしれません。ですが、よく考えてみてください。

本当にそんな状況になったとして、果たして幸せを感じ続けられるのでしょうか？

〝浮かれっぱなし〟では、やがて感覚が麻痺してしまい、喜びを感じられなくなるのではないでしょうか。

想像すればわかると思いますが、

「いつも通りの料理」を毎日食べているからこそたまに食べる「おいしい料理」に感動できるわけです。

「買いたいものを我慢する時間」があるからこそ、「買い物をできること」が嬉しくてたまらないのです。

仕事や家事、育児など「大変で不自由な時間」があるからこそ、「自由気ままに出かけること」が楽しいわけです。

つまり、いつも通りの料理を食べたり、買いたいものを我慢したり、大変な思いをしたりという経験をネガティブに感じることもあると思いますが、**ポジティブさを感じる**

ために必須の要素なのです。

そう捉えると**「ネガティブとしか思えないこと」にも改めて「ありがとう」と言いたくなりますよね。**

このように、**世の中はすべて「正負の法則」通り、プラスマイナスゼロになるようにできています。**きちんと**収支のバランスが合う**ようになっているのです。

なので、ポジティブさばかりを求めすぎる必要はありません。

ニュートラル（中庸）がちょうど良いのです。

あえてマイナスを取りにいく

こんなことを聞いたことがないでしょうか？

例えば、ビジネスで一時的に大儲けしたからといって、SNSでさらしていると詐欺に遭ったり、犯罪に巻き込まれたり、嫌がらせをされたり……。

海外でも「成功者が狙われる」というパターンの犯罪は、残念ながら昔から存在します。

これは今までの話を踏まえればすぐに気づくことですが、**正負の法則により、ネガテ**

ィブな出来事（詐欺や犯罪）が、後から起こっているだけにすぎません。

実はこの法則を逆手に取ると、**先に〝あえてマイナスを取りにいく〟ことで、後からプラスの出来事が起こる**ということになります。

このことを知ってか知らずか、資産家やセレブ、成功者の間では、ボランティアや社会貢献的な事業、寄付活動などを行うのが〝常識〟となっています。

自分が富を得てポジティブすぎる状態だからこそ、**マイナスの方面（お金を出す行為）に調整するために、あえて他者に〝貢献〟する**わけです。

真の成功者は、このような常識をきちんとわきまえています。

日本にも**「喜捨」**という言葉があります。

これは文字通り「喜んで金品を寄付すること」をいいます。

「マイナスの方面に調整できるなら、喜んで差し出します」という意味です。

ここにも〝感謝〟があります。

つまり、**寄付を、感謝を持って進んで実践し続けているような人は、どんどん繁栄していく**わけです。

ここでこんなことを思った人もいるかもしれません。

「自分はまだ成功していないから、マイナスを取りにいく余裕なんてないです……」

果たして本当にそうでしょうか?

ここで大切なことは、大金を寄付することではありません。自分ができる限りの貢献をすることです。なので、100円をコンビニで寄付することでも良いし、なんならお金をかけなくても、困っている人を助けたら、それはもう素晴らしい貢献だと思いませんか?

このような感謝のメカニズムはとてもシンプルなので、僕たちもできるところからやっていけば良いのです。

その先に間違いなく、あなたの理想とする世界は存在します。

感謝が大切な本当の理由

願望実現するために、感謝の気持ちを持つことは最も大切です。

なぜなら、**感謝をすることであなたの心は開き、目の前に起こるさまざまなことを素直に受け入れられるよう、無意識を整えてくれる**からです。

無意識が整うと、あなたが心から達成したい願望実現のためにはどんな行動をしたら良いか、あなたのこれまでの経験をベースに無意識そのものが導き出してくれます。そして、あなたの周りにも**願望実現にふさわしい人や物事が引き寄せられやすくなるでしょう。**

なぜ「引き寄せられやすくなるのか」シンプルにお伝えします。

いつもしかめっ面で悪口や不平不満ばかりこぼしている人と、常にニコニコ、周囲への感謝の念を伝えている人。あなたはどちらと仲良くしたいですか？

もちろん後者だと思います。そして、世の中のすべての人があなたと同じ意見でしょう。

だからこそ、感謝をする人の周りには常にあなたを応援してくれる人が集まり、結果、願望実現が最短最速で達成されるのです。

誰とも連絡を取らない日をつくる

これまでお伝えしてきたように、僕たちは普通に過ごしているだけで、マインドレスネスな状態になってしまいます。特に人間関係においては、複雑な感情が絡むためやっかいです。そこでおすすめなのが、誰とも連絡を取らない日をつくること。

「誰とも連絡を取らない日なんてつくれません！」

そう思われた方も多いのではないでしょうか。でも実際に試しに、午前中だけでもやってみてほしいのです。**たとえ1時間だけでも構いません。**すると、そのわずかな時間であっても、普段感じている〝人間関係によるストレス〟から解放されるため、良い気分を味わうことができるはずです。

実は、このちょっとした工夫が、あなたの無意識に対して大きな影響を与えます。

多くの人が、人生をいきなり大きく変えたいと望みますが、実際は、人生は緩やかに変化しています。そしてその変化は、ほんのわずかな習慣がきっかけとなり、結果大きくなります。なので、小さな習慣を馬鹿にしてはいけません。

まずはできるところから、誰とも連絡を取らない日、時間を確保し、願望実現に向けての器を磨いていきましょう。

先ほど「人生は緩やかに変化して」いるという表現を使いましたが、反対に**「人生が大きく変わる瞬間」**もあります。それが、強烈に感情が動いた瞬間です。

もし今ここで、

「なるほど！　それならできそうだ！」

「すごい良いことを聞いたぞ！」

「今からやってみよう！」

このように気づけたのであれば、**今この瞬間から人生は大きく変化することになります。**

あなたが誰とも連絡を取らない日をつくることで、あなたにとって大切な人とつながるためのリソースが確保されているということを忘れないでください。

「にわか原始人」になる方法

無意識を活性化するために「誰とも連絡を取らない日」にはいったい何をすれば良いのでしょうか。

僕がおすすめしたいのは、**自然と接すること**です。

外の景色を眺めたり、季節の花に目を留めたり、青空を観察したり、風を感じたり……。

可能であれば海岸を歩いたり、森林に身を置いたり。

あるいは、公園などの草や土の上を裸足で歩き、自然を直に感じる体験ができれば理想的ですね。

もちろん自然と戯れているときは、スマホなどのデジタルデバイスは、持ち歩かないのがベストです。

あるいは現地に着いたら電源をオフにするだけでも良いでしょう。

その時間帯だけでも、**大きく原始人の無意識に近づく**ことができます。

できるときだけ先祖返りする**「にわか原始人」**でも十分です。

また可能であれば、このようなデジタルデトックスを短時間でも良いので日常的に行ってみてください。

特に就寝時間は、**無意識の影響を受けやすいので、スマホの電源をオフにするか、ベッドから離れたところに置くことをおすすめします。**

少なくとも**就寝前の1時間と起床直後の1時間**は、意図的にスマホを操作しないようにしましょう。

いずれも**無意識が活性化しやすい時間帯**だからです。

この時間は無意識、潜在意識にとっては**ゴールデンタイム**と言われています。なぜなら**ひらめきが降りてきやすかったりなど、直感が冴えている時間**だからです。

とある20代の成功者は「起床直後の1時間は特に貴重だから、スマホは触らない」と話されていました。

それも「人付き合いの過多をなくす」有益なルーティンであるのは間違いありません。

この若き成功者を見習って、起床直後の1時間、**〝本当に望む未来〟を毎日イメージし続けたら……。願望実現に必要なタスクを書き出し続けたら……。**

その瞬間から、人生が大きく変化することは間違いありませんね。

人に期待しすぎない

前述した「誰とも連絡を取らない日」のように、人とのやりとりを最小限に抑えることはとても重要です。**なぜなら、「自分自身が今この瞬間に集中するため」です。**

それに付随して大事なのは、人に期待しすぎないことです。

例えば、「あの人が、もしこうしてくれたら嬉しいのに」と考えてしまうことってありませんか？

なぜ、人に期待しすぎることが良くないのでしょうか。その理由は明確です。

「期待する」とは、**「今」から流され、未来に引きずられている状態**だからです。

これではマインドレスネスな状態に陥ってしまうため、無意識の活性化が難しくなってしまいます。

また相手への執着が生まれ、「なぜ期待に応えてくれないのか」という思考に陥り、自ら「不足感」に苦しめられるようになり、しんどくなってしまいます。

挙句の果てに、期待をしている相手を、気づかないうちに拘束しようとしたり、プレッシャーをかけようとしたり……。今までの良い関係がこじれてしまうかもしれません。

なので、できるだけ人に期待しないほうが、本来の幸せを感じることができます。
よくある期待の例を挙げてみますね。

身近な「期待」の例

・「過去の恋人は、誕生日プレゼントに数万円のブランド品を贈ってくれたけど、今のパートナーは何をくれるのかしら」
・「息子の友達は〇〇高校を目指していると聞いたけれど、うちの子はそれよりも偏差値の高いところに受かってくれないかしら」
・「となりの奥さんは、正月をハワイで過ごすらしいけれど、夫はどこに連れていってくれるかしら」
・「A先生が担当しているヨガのクラスでも十分楽しいけれど、新しく始まるB先生のクラスはどうなのかしら」

・「取引先のA社は10日で納品してくれたけれど、もしB社と契約したらどれくらいで納品してくれるだろうか」

・「昨年中途採用したAさんは優秀で5億の年商を立ててくれたけれど、今度ヘッドハンティングしたBさんの実力はどれくらいだろうか」

どうでしょう。あなたも身に覚えがありませんか。

最も大切な「今」ではなく「未来」を意識しすぎているのが伝わってきませんか。

また、これらの「期待」の例を見ていて、何か感じることはないでしょうか？

……そうです、**「期待」をする際は、他人と比べてしまいがち**なのです。

「○○さんはこうだったけれども、△△さんはどうなのだろうか」

口にはしないものの、一方的に〝**格付け**〟をしていることがわかりますよね。

もちろんビジネスの現場で、このような〝格付け〟をすることは、仕方がないかもしれません。

現代は競争社会でもあるので、シビアにならないと現実問題として生き残れない側面があります。

ですが、**せめてプライベートな場面では、人と比べるのは今日で終わりにしませんか？**

いったいなぜ「人と人を比べること」が良くないのでしょうか。

もちろん人として「相手に失礼」という理由が、まずあります。

そして、あなた自身にも確実に良くないことが起こるからです。

勘の良い方なら気づいたかもしれませんが、人と人とを比べる際には、必ずと言っていいほど**「過去」と比べています。**

過去の印象、過去の実績、過去の出来事……。

このように、**人と人とを「比較する」とは、「今」から流され、過去に引きずられている状態**だからです。

やはりマインドレスネスな状態に陥るため、無意識の活性化から遠ざかります。

つまり、**期待をすることで「未来」にも「過去」にも流されてしまう**わけです。

だからこそ、日頃から人に期待をしなくてもいいように、「今」に集中して生きることが最も大切となります。

一見遠回りに思えるかもしれませんが、実はそれこそが**願望実現への最短ルート**なのです。

童心こそ最強

原始人の次におすすめしたい〝お手本〟がいます。

それは、あなたも一度は経験したことのある人種です。誰だと思いますか?

ヒントは、無邪気で、この世で最も自由奔放な人です。

そう、子ども、特に赤ちゃんです。**ね? あなたもそうだったでしょう?**

赤ちゃんは「感情」や「欲求」をむき出しにして生きています。遠慮したり、忖度したりなど一切しませんよね。過剰な不安や期待もなく「今」を一生懸命に生きています。

言い換えれば、**「100%潜在意識の塊」**と表現しても良いでしょう。ただ成長するにつれ、周りからのしつけや学習などを通し、顕在意識が発達し、思考が優位になっていきます。


子どもから学べることはたくさんあります。**「幼い頃は、自分もほしいものはストレートに口にしていたなぁ」と意識的に過去を思い出すだけでも、童心に返ることができます。**すると、原始人と同様、**最高に無意識が活性化していた頃を思い出すので、その感**

覚を取り戻すきっかけになります。その積み重ねが心に平穏を取り戻し、**本当にあなたが今世で達成したい使命を思い出せる起爆剤**となります。だから**「童心こそ最強」**なのです。

僕は以前、プロのマジシャンとして活動していました。立派な経営者や大富豪が僕のパフォーマンスを見て、子どものように無邪気に喜んでくださることがよくありました。どんなに社会的地位の高い人でも、マジックを見ている間は心に余裕が生まれ、童心に返れるのです。**だからこそ、僕は今でもマジックが大好きです。**

あなたにも、そんな**子どもに返れるきっかけ**が必ず眠っています。これからも一緒に探し続けませんか。

会いたい人に会う日をつくる

自分が本当に好きな人、憧れている人、尊敬している人……。そんな「会いたい人」には、どんどん会いに行くことをおすすめします。

会いたい人と話しているときは、全力で「今」に集中しているはず。これほどマインドフルネスな状態はなかなかありません。感情が最高に豊かで、時間があっという間に過ぎている間は、**無意識が最大限に活性化**している状態と言えます。

「会いたいと願う→会うと決める→本当に会えた」という経験は、あなたにとって大きな成功体験となり、あなたに自信をつけてくれます。

また「会えた」という成功体験のサイクル（循環）を積み重ねることで、願望実現はさらに加速します。**たとえ「会いたい人に会えた」という成功体験でなくても構いません。**

・会いたい人と連絡が取れた

- **行きたいお店の予約が取れた**
- **今日も一日楽しく過ごせた**

これらの小さな成功体験のサイクルを回し続けることが、その先の大きな成功体験のきっかけとなります。なぜなら、**脳内のＲＡＳが「次の成功体験」を自動で探してくれるようになるから**です。これもまた**無意識による魔力**と言えるでしょう。

「自分が何を求めているかわからない」

そんなときもあるでしょう。でも、そんなときこそ無意識に染み付いているさまざまな過多を手放して、本来の無意識が持つ可能性を少しずつ切り拓いていきましょう。

すると、突然「あの人に会いたい」という感情が浮かび上がってくるかもしれません。しばらく会っていない家族、幼馴染、同級生、元同僚など。

また、憧れの人が開催するセミナーや、勉強会、お茶会に行きたいと思えるようになるかもしれません。

もし、あなたにパワーがみなぎっているのなら、連絡先すらわからないような有名人や著名人に、アポイントが取れないか、チャレンジするのもいいでしょう。

「人気お笑い芸人の○○さんに、どうすれば会えるだろうか」

例えばこんな質問を自分自身に投げかけると、ＲＡＳが発動して導いてくれます。最

図表16　成功体験のサイクル

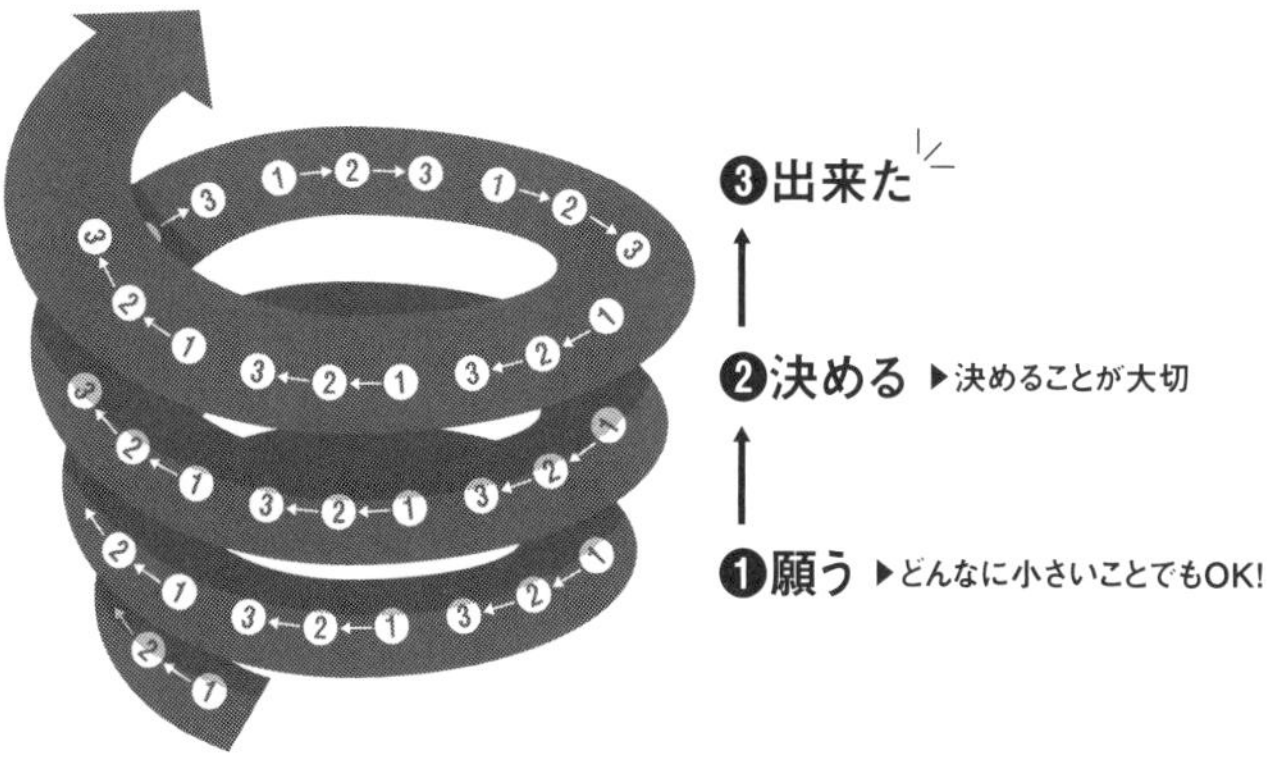

初は何も手応えがないと感じられるかもしれませんが、できるところから着実に行動を積み重ねていけば、意外と早いタイミングで実現できるかもしれません。大事なのは**「できるところからやること」**です。

　この三次元の世界では、**目に見えない力のアプローチと、目に見える行動と、どちらも大切になってきます。**本書で紹介した**無意識の可能性は、間違いなくあなたの中にも存在します。**だからこそ、「今」できることをたった1つでも行動に移し、大きな願望を実現させてほしいと願っております。もちろん、そのバイタリティーで僕に会いに来てくれたら泣いて喜びます。

第5章まとめ

- 人付き合いが多ければ多いほど、脳のリソースを浪費してしまうため、マインドレスネスになってしまう
- 損得勘定を捨てることで、過剰なストレスから解放され、マインドフルネス状態に一歩近づく
- ミラーニューロン理論を活用し、自分の理想とする人と日々接することで、成功に近づき、なりたい自分になれる
- 鏡の法則とは、「相手の態度や反応は、自分の態度や気持ちを映し出したもの」というシンプルな法則である
- 身体が休まる時間だけでなく、精神的に自由な時間をつくることが、マインドフルネスにつながる
- 「まぁ、いいか」とつぶやくことで、心に余裕が生まれ、自分の行動や生き方を良い方向へと変えてくれる
- 感謝をする人の周りには、夢を応援してくれる人が集まるため、願望実現が最短最速で達成される

おわりに

ここまで読んでいただき、ありがとうございます。

きっと、あなたはこの本を無意識で手に取り、読んでいただいたことでしょう。

なぜなら、あなたの無意識はこの本をきっかけに新たな人生が切り拓かれることを知っていたからです。僕はそう確信しています。

本書の内容を一言で言えば、**「無意識を活性化させるだけで願望実現する」**という極めてシンプルな内容です。

ですが、物や情報であふれる世の中では、なかなか無意識を活性化させることはできません。むしろ多くのビジネスは、僕たちの脳を思考停止させるために、さまざまな誘惑を仕掛けてきます。

そうならないためにも、1つでも良いので、本書の内容を思い出し、意識してみてほしいです。

冒頭でお伝えしていたように、**特に新しいことを覚えたり、練習したりする必要はありません。**

ただあなたの中の「さまざまな過多」を減らすだけで良いのです。

その積み重ねが、間違いなく**「あなたも知らないあなたの可能性」を見つけるきっかけとなります。**でも、無理して探そうとする必要は一切ありません。

さまざまな過多という〝大きな荷物〟をいったん手放し、リラックスしながら毎日を楽しんでみてください。心から楽しんでいるとき、**「あなたが本当に達成したい使命」**、つまり願望が見えてくるかもしれません。あとはあなたの優秀なＲＡＳに任せ、これからもたった一度きりの人生を、一緒に謳歌しましょう。

最後に、とっておきの「ある生き方」を共有します。

花のように「今」を大切に生き、大空を飛び回る鳥のように選択の幅を広げていくことです。

花は「過去」「未来」という概念を持たず、「今」を懸命に咲き誇っています。

鳥は翼を広げて、自由に気持ち良く大空を飛び回っています。

花も鳥も、現代人のように「忙しい」と嘆いたり、さまざまな過多に流されたりすることは、まったくありません。

僕たちも、そんな自然体の生き方を目指しませんか？

まずは心の余裕を取り戻すところから。

あなたの心の余裕が、誰かの力になり、世の中を良くしていくことにつながります。

本書の印税は、一般社団法人 Dream Investment JAPAN を通して、カンボジアの教育支援に使われます。あなたの本書を購読するという行動が、カンボジアの子どもたちの未来へとつながります。

出会ってくれて、ありがとう。

BAZZI

著者略歴

BAZZI（バッジ）

1984年神奈川県生まれ。生まれつき難聴、コミュニケーション障害を抱えながらも「死ぬまで好きなことをしたい」という想いから、2005年にプロマジシャンとしてデビュー。人生を自由自在に生きることを指針に、夢を叶えるアーティストとしても活躍。
2022年に一般社団法人 Dream Investment JAPANを設立し、カンボジアや福祉事業への支援活動を行っている。アーティストの枠を超え、さまざまなビジネス、表現活動を展開中。

自分《じぶん》を変《か》える無意識《むいしき》の魔力《まりょく》

2025年1月11日　初版第1刷発行

著　者　BAZZI
発行者　出井貴完
発行所　SBクリエイティブ株式会社
　　　　〒105-0001　東京都港区虎ノ門2-2-1

ブックデザイン　菊池祐
D T P　Isshiki
イラスト　村山宇希（ぽるか）
画像（章扉）　Omelchenko / shutterstock.com
校　正　ペーパーハウス
編集協力　山守麻衣
編集担当　水早將
印刷・製本　中央精版印刷株式会社

本書をお読みになったご意見・ご感想を
下記URL、またはQRコードよりお寄せください。

https://isbn2.sbcr.jp/28741/

落丁本、乱丁本は小社営業部にてお取り替えいたします。定価はカバーに記載されております。本書の内容に関するご質問等は、小社学芸書籍編集部まで必ず書面にてご連絡いただきますようお願いいたします。

ISBN 978-4-8156-2874-1